WESTEND

PETER ZUDEICK

HEIMAT. VOLK. VATERLAND

Eine Kampfansage an Rechts

WESTEND

Mehr über unsere Autoren und Bücher:
www.westendverlag.de

Die Deutsche Nationalbibliothek verzeichnet diese Publikation in der Deutschen Nationalbibliografie; detaillierte bibliografische Daten sind im Internet über http://dnb.d-nb.de abrufbar.

FSC
www.fsc.org
MIX
Papier aus verantwortungsvollen Quellen
FSC® C083411

ISBN 978-3-86489-109-0
1. Auflage 2018

Satz: Publikations Atelier, Dreieich
Umschlaggestaltung: Buchgut, Berlin
Druck und Bindung: CPI – Clausen & Bosse, Leck
Printed in Germany

Inhalt

Für Gertrud und Ernst.
Aufrecht gegen den Faschismus.

Prolog: Wo sind unsre Lieder?

Es ist schon eine Weile her, 1968, da sang Franz Josef Degenhardt das Lied von unseren Liedern: »Wo sind eure Lieder, eure alten Lieder? Fragen die aus anderen Ländern, wenn man um Kamine sitzt, mattgetanzt und leergesprochen.« Wer Freunde »aus anderen Ländern« hat, kennt die Situation. Da wird gesungen, meist anglo-amerikanische Folklore, mal was Spanisches, was Französisches, und dann kommt die Frage nach unseren alten Liedern. Und man druckst rum. »Ja, wo sind die Lieder, unsre alten Lieder?«, fragt Degenhardt und antwortet: »Nicht für'n Heller oder Batzen mag Feinsliebchen barfuß ziehn, und kein schriller Schrei nach Norden will aus meiner Kehle fliehn.« Denn: »Tot sind unsre Lieder, unsre alten Lieder. Lehrer haben sie zerbissen, Kurzbehoste sie verklampft, braune Horden totgeschrien, Stiefel in den Dreck gestampft.«

Das gehörte zum Lebensgefühl vieler junger Menschen der Generation der Studentenrevolte: Was auch nur im Entferntesten von den Nazis kontaminiert war, konnte man nicht anfassen. Ein harmloses Studententrinklied wie *Ein Heller und ein Batzen* zum Beispiel erscheint nicht mehr so harmlos, wenn man weiß, dass es *das* Marschlied deutscher Soldaten war, die über europäische Nachbarländer herfielen. Wer einmal den *Chant des Partisans* der französischen Résistance in der Version von Yves Montand gehört hat, unterlegt mit Marschgeräuschen und dem »Heidi-Heido-Heida«-Gebrüll deutscher Soldaten, der kann das Lied nicht mehr unbefangen hören oder singen.

Die Lyrikerin Mascha Kaléko empfand ähnlich: »O Röslein auf der Heide, dich brach die Kraftdurchfreude. Die Nachtigallen wurden stumm, sahn sich nach sicherm Wohnsitz um, und nur die Geier schreien hoch über Gräberreihen.«

Diesen Gefühlen entspringt auch eine Neigung, alle möglichen anderen Traditionen unter Verdacht zu stellen, nur weil die Nazis sich ihrer bemächtigt hatten. Waren nicht alle alten Volkslieder irgendwie verdächtig, sämtliche Märchen und Mythen, die alten Erzählungen, die Begriffe für Hergebrachtes, die schönen Traditionen? Eben weil die Nazis sie so fabelhaft in ihre Ideologie einbauen konnten und weil sie so merkwürdig gut zu missbrauchen waren?

Das würde freilich heißen, sich von den Nazis das Sprechen und Denken vorschreiben zu lassen. Der Philosoph Ernst Bloch hatte als einer der Ersten auf die Gefahr einer solchen Haltung hingewiesen. »Warum sind die Nazis an die Macht gekommen?«, fragte er. Seine Antwort: Aufgrund ihrer erfolgreichen Propaganda. Und die Linken, die Kommunisten zumal, scheiterten im Kampf gegen die Nazis nicht zuletzt wegen ihrer ungeschickten, hölzernen Rhetorik. Das ist Blochs Kernthese.

1974, als Bloch fast 90 Jahre alt war, erinnerte er sich an ein Erlebnis im Berliner Sportpalast 1933, kurz vor dem Sieg Hitlers. Zwei Redner traten an, ein Kommunist und ein Nazi. Der Kommunist »fing an zu reden. Da kam alles vor: der Grundwiderspruch und die Durchschnittsprofitrate, die schwierigsten Partien aus dem ›Kapital‹ und immer neue Zahlen. Die Versammelten aber verstanden kein Wort und hörten ihm sehr gelangweilt zu. Der Beifall war mäßig und mehr als matt. Dann kam der Nazi, der sprach am Anfang sehr höflich: ›Ich danke dem

Herrn Vorredner für seine lichtvollen Ausführungen. Und daraus können Sie schon etwas gelernt haben, bevor ich gesprochen habe. Was tun Sie denn, soweit Sie zum Mittelstand, zum kleinen Mittelstand gehören, in Büros arbeiten, z.B. als Buchhalterinnen oder Buchhalter – was tun Sie denn den ganzen Tag? Sie schreiben Zahlen, addieren, subtrahieren usw., und was haben Sie heute gehört von dem Herrn Vorredner? Zahlen, Zahlen und nichts als Zahlen. Sodass der Satz unseres Führers wieder eine neue Bestätigung gefunden hat, von einer unerwarteten Seite: Kommunismus und Kapitalismus sind die Kehrseiten der gleichen Medaille.‹ Dann eine wohleinstudierte Pause. Als die zu Ende war – sie hat ziemlich lange gedauert –, reckte sich der Bursche auf, in Nachfolge Hitlers hat er das gemacht, warf mit einem Mal die Arme in die Höhe und schrie mit Stentorstimme ganz langsam ins Publikum hinein: ›Ich aber spreche zu euch von Deutschlands Glück und Größe, und ich spreche in höherem Auftrag!‹ Sofort war der Stromkreis geschlossen: der Übergang zu Hitler.«[1]

Kennzeichen der linken Propaganda wäre demnach: viel Analyse, aber wenig, was in die Fantasie greift. Und das Erfolgsrezept der Nazi-Propaganda, davon ist Bloch überzeugt, war die Besetzung von Symbolen und Begriffen der Arbeiterbewegung. Bis ins hohe Alter hatte er noch beklagt, dass die Linke den Rechten ureigene Symbole und Begriffe kampflos überlassen habe.

Zu den Symbolen gehören: Rot als Farbe der Revolution, der 1. Mai als Weltfeiertag des Proletariats, der Maibaum, ursprünglich ein jakobinisches Freiheitszeichen, die Straße, der Aufmarsch und die aufsässigen Lieder – alles wird von rechts vereinnahmt, umgedeutet. »Was die roten Frontkämpfer begonnen hatten: den Wald von Fahnen, den Einmarsch in den Saal, genau das machten die Nazis nach.«[2]

Zu den originär linken Begriffen zählt Bloch: ›Arbeiter‹ und ›Arbeiterschaft‹, ›Heimat‹, ›Nation‹ und ›Vaterland‹. Ausdrücke wie diese versucht er immer wieder aus den Fängen der Reaktion zu retten, um mit den Begriffen nicht auch die Inhalte preiszugeben. Von Nazis besetzte Sprachräume, so sein Credo, müssten zurückerobert werden. Und er schreckt auch nicht vor ›Blut und Boden‹ und ›Führer‹ zurück. »Welch ein Magnet liegt für das Volk in dem Wort ›Blut und Boden‹, in dem Wort ›Führer‹, in der Unterscheidung der Menschen nach Rang, nicht allein nach dem Kapital.«[3] Und schließlich: »Der ›Führer‹ ist eine kommunistische Parole gewesen. Spartakus ist doch ein Führer gewesen, zum Donnerwetter. Warum lässt man sich das Wort stehlen? Verdorben sind diese Worte durch Nazis.«[4]

Sogar das ›Dritte Reich‹ erklärt Bloch zu heimatlichem Gebiet, das die Linke wieder zurückerobern sollte: »Das bloße Wort schon hüllt den Kleinbürger ahnend ein.«[5] Alte Bilder leuchten dabei auf, so Bloch, unvergessene Traditionen: »Der Terminus ›Drittes Reich‹ hat fast alle Aufstände des Mittelalters begleitet, er war ein leidenschaftliches Fernbild, und führte ebenso viel Judentum wie Gnosis mit sich, ebenso viel Revolte der Bauernkreatur wie vornehmste Spekulation.«[6]

Das schreibt Bloch noch in der Anfangszeit der faschistischen Herrschaft in Deutschland. Über dreißig Jahre später, in seinem Buch *Atheismus im Christentum*, schreibt er in anderem Zusammenhang: »Ein schädlich gewordener Name soll gewiss nicht mehr verwendet werden. Er erweckt sonst falsche, verwechselnde Meinungen, macht überflüssige Arbeit, diese wegzuschaufeln.«[7]

Das gilt mit Sicherheit auch für einige Begriffe, die Bloch ursprünglich vor dem Zugriff der Faschisten ›retten‹ wollte. Sie sind nicht mehr zu retten, sind längst zu Markenzeichen von Faschismus und Reaktion geworden, schleppen so viel

Unrat mit sich, dass kein ›Wegschaufeln‹ mehr hilft. Das gilt ohne Zweifel für ›Blut und Boden‹[8] und für das ›Dritte Reich‹. Ob es für den Begriff ›Führer‹ gilt, ist vermutlich eine Generationenfrage. Für viele ist das Wort so fest mit der Figur Adolf Hitler verleimt, dass auch da nichts mehr zu retten ist. Andere haben da weniger Probleme.

Aber was ist mit ›Heimat‹, ›Nation‹ und ›Vaterland‹? In solchen Begriffen steckt für Bloch nicht nur eine verzuckerte, verklärte und damit ›falsche‹ Vergangenheit, in die man sich angesichts der Bedrohung durch den Allesfresser Kapitalismus flüchtet, hinein in die Schwärmerei von den ›guten alten Zeiten‹, die von Linken verlacht und verspottet wurde, sondern: »Der Mensch ist nicht von heute oder gestern, sein Stamm ist alt. In diesen … sind Bilder eingekerbt, Reste aus fossiler Erfahrung oder verschollenem Aberglauben, doch sie verstehen von unten herauf zu glühen.«[9] Das schrieb Bloch 1937. Später, im Jahre 1974. erklärte er dann: »Das haben die Nazis … auszubeuten gewusst. … Die Nazis … haben an die Vergangenheit appelliert: Das waren noch Zeiten, das waren noch Kerle, das waren Männer, die gehandelt haben, im Gegensatz zu den Dreckskerlen von Proletariern und der Schwatzbude in Berlin.«[10]

Die Parallelen zur heutigen Zeit sind offensichtlich. Es ist nicht so, dass wir es mit einer Wiederkehr der Nazis aus den Dreißigerjahren zu tun hätten. Die AfD ist insgesamt keine Nazipartei, auch wenn die wenigsten ein Problem damit haben, dass es Nazis in ihren Reihen gibt. Und es ist auch keine Katastrophe, dass eine rechtsgewirkte Partei in Landtagen und im Bundestag vertreten ist. Wenn AfD-Funktionäre ihren Erfolg als Anfang vom Ende der Ära Merkel und als Einstieg in eine andere Republik interpretieren, dann ist das aus ihrer Sicht verständlich. Und wenn manche Beobachter, Kommentatoren und Kritiker vom drohenden oder erhofften Ende der Politik raunen, wie wir sie kennen, dann muss auch das niemanden erschrecken.

Wenn damit nämlich gemeint ist, dass die AfD sich als dauerhafter Faktor am rechten Rand des politischen Spektrums etablieren wird, dann ist dem kaum zu widersprechen. Und das muss man auch nicht schrecklich finden. In gewisser Weise könnte die Bundesrepublik sich damit ehrlich machen. Denn die Verächter der Demokratie – ob nun tatsächlich politisch rechts oder nur verwirrt – wurden bislang gerne weggelogen, so als gehörten sie nicht zur Gesellschaft. Und nun wundert man sich, dass sie schon immer da waren.

Die AfD sammelt die ein, die immer schon gegen alles waren, aber selten einen Ort fanden, das zu artikulieren. Die immer die Faust in der Tasche gemacht haben. Die tatsächlichen oder vermeintlichen Verlierer, die Zukurzgekommenen; die Schlaumeier, die überall die Verschwörung derer ›da oben‹ gegen den kleinen Mann wittern. Leute, die früher entweder gar nicht oder aus Protest Splitterparteien gewählt haben.

Dazu kommen die klassischen Alt- und Neu-Nazis, Reaktionäre, Ultra-Konservative, denen das alles schön in den Kram passt, die ja auch nicht weniger werden. Dieses Potenzial reicht, um die AfD als Partei mit zweistelligen Ergebnissen zu stabilisieren, im Osten gerne auch mal über 20 Prozent.

Das ist aber nicht das Kernproblem. In den Parlamenten sind AfD-Politiker nämlich Regularien unterworfen, die weder für die üblichen Hasstiraden noch für den heldenhaften Kampf gegen ›das System‹ Raum lassen. Die Großkotz-Attitüde, das haben die Erfahrungen in einigen Landtagen gezeigt, wird schnell klein oder macht sich zusehends lächerlich.

Das Problem ist vielmehr ein mit Hass und Intoleranz aufgeladenes gesellschaftliches Klima, das den parlamentarischen Betrieb nicht weiter berührt, aber den Alltag der Menschen massiv beeinflusst. Das wirkliche Leben spielt sich nicht im Bundestag ab, sondern in Städten und Gemeinden, in Stadtvierteln, auf dem Land. Hier werden gleichermaßen die Probleme mit der Integration von Flüchtlingen, Fremdenhass und Rassismus virulent. Wenn Flüchtlingshelfer permanent bedroht werden und wenn Bürgermeister entnervt und verängstigt ihre Ämter aufgeben müssen, weil sie von rechten Hetzern bedrängt werden, *dann* sind wir auf dem Weg in eine andere Republik.

Anstifter, Resonanzräume und Diskussionsforen für Hass und Hetze sind völkische und rassistische Organisationen wie beispielsweise die Identitären, die Ein-Prozent-Bewegung, die Patriotische Plattform, die Pro-Bewegung, die Reichsbürger und Pegida nebst zahlreichen Ablegern. Unterstützt werden sie von Zeitschriften wie *Junge Freiheit* und *Compact* und Internet-Portalen wie Politically Incorrect. Das heißt: Die Unzufriedenen und Verdrossenen, denen als Erklärung für ihre Situation der Hinweis auf den Sündenbock ›Flüchtling‹ ausreicht, haben mittlerweile ein weites Feld von Anregung und Bestätigung. Dabei sind die Räume zur massenhaften Selbstbestätigung – wie Twitter, Facebook und andere – noch nicht mitgerechnet.

Das Bemerkenswerte an dieser ›geistigen Situation‹ unserer Zeit ist dies: Trotz zunehmend unsicherer Verhältnisse im globalen Turbokapitalismus lebt ein Großteil der Deutschen – noch – in einigermaßen sicheren Umständen. Gleichwohl sind viele Menschen verunsichert. Terroranschläge, internationale Krisen und innere Sicherheit sind die Hauptgründe. Und die Flüchtlingskrise. Was auch sonst? Es wäre ja höchst merkwürdig, wenn eine solche gesellschaftliche Herausforderung die Bürger nicht verunsichern würde. Aber aus Unsicherheit folgt nicht, dass die Mehrheit der Bürger Flüchtlinge aus dem Land jagen will. Das sind nur diejenigen, die sich von Krisen oder Krisenpropagandisten dumm machen lassen und deren Ratlosigkeit im Zweifelsfall in Rassismus mündet.

AfD-Funktionäre, ihre Wähler und Sympathisanten mögen von der drohenden oder schon bestehenden Herrschaft der Scharia schwafeln, vom Kampf gegen das Kalifat in Deutschland, von der akuten Gefahr eines allgemeinen Verschleierungszwangs und dergleichen mehr. Solche Sorgen hat tatsächlich hat nur ein sehr kleiner Teil dieses Volkes.

Dieser droht aber zu wachsen, nicht zuletzt, weil traditionelle Begriffe rechts liegen gelassen werden. Aber nicht nur rechts. Wir müssen uns auch gegen den Missbrauch politischer Begriffe im Zuge des globalisierten, digitalisierten Kapitalismus wehren. Gerade weil wir in unsicheren und schwierigen Zeiten leben. Die Welt scheint auf dem Kopf zu stehen, sie ist aus den Fugen geraten, großes Durcheinander in Köpfen und Herzen. Es ist die hohe Zeit der Betrüger, Lügner und Volksverdummer.

Vor allem der Verdummungsstrategien der Rechten. Im Zuge der rechten Kritik am Kapitalismus werden hier Geschütze aufgefahren, die altbacken und reaktionär daherkommen, aber in Wahrheit nichts weiter als dreiste Besetzungen von Begriffen sind. Worte wie ›Heimat‹, ›Volk‹ und ›Vaterland‹ werden – ideologisch aufgeladen und verkitscht – zu Kampfbegriffen gegen die Idee einer freiheitlichen, humanen und liberalen Gesellschaft.

Ausgrenzung und Fremdenhass werden so zu Leitmotiven einer politischen Agenda, die behauptet, ›das Volk‹ zu vertreten. Sätze wie »Wir sind das deutsche Volk« und »Wir werden uns unser Land und unser Volk zurückholen« hätten noch vor Kurzem als Ausgeburten eines wirren Geistes gegolten. Es sind die Kampfparolen von Alexander Gauland, der Führungsfigur der AfD.

Wir müssen – und wollen – nun nicht wie Ernst Bloch in den Dreißigerjahren des vorigen Jahrhunderts auch Begriffe wie ›Blut und Boden‹ oder ›Führer‹ wieder positiv besetzen. Es gibt Wörter, die von den Nazis derartig beschmutzt wurden, dass sie nicht wiederverwendbar sind. Es ist nicht möglich, sie wieder reinzuwaschen. Aber es gibt – im Sinne Blochs – ›Kategorien des Irrationalen‹, die vor dem Zugriff der Rechten gerettet werden können. Immer eingedenk des richtigen Satzes: »Hat doch der Nazi nicht einmal das Lied erfunden, mit dem er verführt.«[11]

Heimat, Volk, Vaterland: Wir haben es mit Begriffen zu tun, die aus dem Bereich der Selbst-Verständlichkeit ins Mythisch-Irrationale gedrängt und so zu politischen Kampfbegriffen gemacht werden sollen. Bloch schreibt: »Nichts befreit vom Untersuchen der Begriffe, die der Nazi zum Zweck des Betrugs so verwendet wie entwendet hat.«[12] Ob wir es nun mit wirklichen Nazis oder ›Beinahe-Nazis‹, ›So-gut-wie-Nazis‹, ›Nicht-entschieden-genug-von-Nazis-Distanzierern‹ oder mit marktradikalen Feinden der humanen Gesellschaft zu tun haben: Wir dürfen ihnen nicht das Begriffs-Arsenal überlassen, mit denen das ›Volk‹ für dumm verkauft werden soll.

1 Heimat, süße Heimat

heimat, der geburtsort oder ständige wohnort;
das land oder auch nur der landstrich,
in dem man geboren ist oder bleibenden aufenthalt hat.

Brüder Grimm, *Deutsches Wörterbuch*

Das Wort ›Heimat‹ hat es in sich: Es tönt, es schmeckt, es riecht. Für jeden anders. Es verströmt und weckt Gefühle, Sehnsüchte. Es ist darin ganz persönlich, ganz privat. Und es kann muffig riechen, ranzig schmecken, bedrohlich spießig tönen. Dann wird es gleichsam öffentlich. So harmlos die Definition im Grimm'schen Wörterbuch auch klingen mag: ›Heimat‹ ist alles andere als harmlos. Emotional hoch aufgeladen, für ideologische Schlachten jederzeit einsetzbar, als politischer Kampfbegriff sowieso. Zur bayerischen Landtagswahl 2018, schrieb die *Süddeutsche Zeitung*, setzten alle Parteien auf Heimat: »Selbst die Grünen, die sich noch vor ein paar Jahren lieber den Mund zugeklebt hätten, als das Wort ›Heimat‹ auszusprechen.«[1] So zugeklebt können die grünen Münder freilich nicht gewesen sein. Denn die *Süddeutsche* war schon sieben Jahre zuvor auf einen unerhörten Ausspruch des kulturpolitischen Sprechers der grünen Landtagsfraktion gestoßen: »Wir Grünen sind der politische Kern einer neuen Heimat-Bewegung!« Das war für die SZ höchst verwunderlich, denn: »Vor etlichen Jahren hätte sich ein bayerischer Grüner wohl eher die Zunge abgebissen, als das Wort Heimat in den Mund zu nehmen.«[2] Ob nun zugeklebt oder abgebissen – irgendwie scheint die Wahrnehmung, dass von Heimat lieber nicht geredet werde, nie so ganz zu stimmen. Genauso wenig wie die, dass ›Heimat‹ nun ›plötzlich‹ ein Riesenthema sei.

Noch früher als die bayerischen Grünen haben sich die Bundesgrünen mit dem Thema Heimat beschäftigt, im großen Rahmen zum Beispiel auf der Kulturkonferenz der Bundestagsfraktion 2009 zum Thema ›Heimat. Wir suchen noch‹. Und auch in den aktuellen Debatten ist das Thema nicht vom Himmel gefallen. Nicht erst Anfang 2018, sondern schon bei den Landtagswahlen 2016 war Heimat ein Thema der Grünen, im Bundestagswahlkampf 2017 erst recht. Da hatte Bundespräsident Steinmeier in seiner Rede zum Tag der deutschen Einheit erklärt: »Die Sehnsucht nach Heimat, nach Sicherheit, Entschleunigung, Zusammenhalt und Anerkennung, dürfen wir nicht den Nationalisten überlassen.« Heimat müsse mehr sein als »Wir gegen die« und der »Blödsinn von Blut und Boden.« Und: »Wer sich nach Heimat sehnt, der ist nicht von gestern. Heimat weist in die Zukunft, nicht in die Vergangenheit.« Grünen-Chef Cem Özdemir lobte den Bundespräsidenten ebenso wie Katrin Göring-Eckardt. Mit einem kleinen Unterschied: Sie sprach von Liebe. »Wir lieben dieses Land. Das ist unsere Heimat. Diese Heimat spaltet man nicht. Für diese Heimat werden wir kämpfen.« Und handelte sich eine aufgeregte Debatte darüber ein, ob eine Grüne denn so etwas sagen dürfe. »Wer den Rechten ideologisch hinterherläuft, macht sie nur stärker. Das fängt bei der Sprache an«, twitterte der Sprecher des grünen Berliner Justizsenators. Die Grüne Jugend forderte »Solidarität statt Heimat« und schrieb: »Heimat ist ein ausgrenzender Begriff. Deshalb taugt er nicht zur Bekämpfung rechter Ideologie.«[3]

Eine muntere Debatte im Internet folgte, die zweierlei deutlich machte: Zum einen ist die Neigung, möglicherweise ›kontaminierte‹ Begriffe lieber zu vermeiden, nicht ohne Weiteres mehrheitsfähig. »Wer sich in seinem Denken und Reden davon abhängig macht, was Rechte geredet und gedacht haben, wird bald nichts mehr haben, was er denken und reden kann, weil die alles okkupieren«, heißt es da zum Beispiel. Und zum anderen gehen solche Diskussionen vielen einfach auf die Nerven: »Sonst haben diese Grünen keine Probleme? Macht mich fassungslos! Eine Heimat hat jeder. Das ist der Ort, an dem der Mensch sich wohlfühlt, geborgen fühlt.«[4]

Aber auch wenn solche Diskussionen nicht eben neu sind: Neu ist die Heftigkeit und Intensität, mit der sie geführt werden. Was eindeutig daran liegt, dass die Grünen – genau wie die anderen alteingesessenen Parteien – im Bundestagswahlkampf 2017 von AfD-Parolen wie »Unser Land, unsere Heimat« und »Hol Dir Dein Land zurück« kalt erwischt worden waren. Plötzlich glaubte man, sich irgendwie ›bekennen‹ zu müssen. Robert Habeck, inzwischen Vorsitzender der grünen Partei, erklärte, es reiche nicht zu sagen: »Wählt nicht die AfD!« Vielmehr müssten auch die Grünen sich trauen, »über Begriffe wie Heimat und Patriotismus zu reden, sie für uns zu reklamieren und sie zu definieren. Heimat ist der Raum, in dem wir leben, den wir gestalten, gleich, woher wir kommen. Heimat ist unser Zusammenleben.«[5]

Ja, eben. Sie müssen sich trauen. Denn obwohl die Grünen ihre eigene Geschichte, den Kampf für die Erhaltung der Lebensgrundlagen, gegen fossile Energieträger, gegen die Atomenergie als Kampf für die Heimat interpretieren könnten, haben sie am Ende doch überwiegend lieber die Finger davon gelassen. Das ›Wir suchen noch‹ war durchaus ernst gemeint und gilt für viele im Prinzip bis heute.

Für einige Aufregung sorgte im Dezember 2017 auch Sigmar Gabriel mit einem Beitrag im *Spiegel* mit dem Titel ›Sehnsucht nach Heimat‹. Er schreibt: »Ist der Wunsch nach sicherem Grund unter den Füßen, der sich hinter dem Begriff ›Heimat‹ hier in Deutschland verbindet, etwas, was wir verstehen, oder sehen wir darin ein rückwärtsgewandtes und sogar reaktionäres Bild, dem wir nichts mehr abgewinnen können?«[6] Auch hier reichte schon die Tatsache, dass ein Sozialdemokrat den Begriff ›Heimat‹ (und dann gleich auch noch die ›Leitkultur‹) positiv definieren wollte, für Abwehrreflexe. Was aber in erster Linie daran lag, dass Gabriel diesen Artikel zur Generalabrechnung mit seiner eigenen Partei, zur Kritik an deren ›Abgehobenheit‹ nutzte.

Mindestens ein SPD-Spitzenpolitiker konnte Gabriels Argumenten einiges abgewinnen: NRW-Bauminister Michael Groschek bekannte, er sei »schon lange ein Fan des Begriffs Heimat«, den man – diese Argumentation hat sich inzwischen eingebürgert – nicht den Falschen überlassen dürfe. Und er kam auf die erstaunliche Idee: »Wir müssen die linke und fortschrittliche Heimatpartei sein.«[7]

Ein weiteres Zeichen für die Konjunktur von Heimat ist die Einrichtung von Heimatministerien. In Bayern gibt es seit 2013 eine Abteilung des Finanzministeriums mit dieser Bezeichnung, und da geht es zwar auch um Blasmusik und Trachtenvereine, aber eher noch um die Förderung und Stärkung des ländlichen Raums. Also um Strukturpolitik und um die Herstellung gleicher Lebensbedingungen in ganz Bayern. In erster Linie aber war das Heimatministerium ein Machtinstrument für Minister Söder. Er war jahrelang fleißig in der Provinz unterwegs, hat sich Bürgermeister und Landräte gewogen gemacht und ein CSU-Netzwerk geknüpft, das im Kampf um das Amt des Ministerpräsidenten ausgesprochen hilfreich war.

Als die nordrhein-westfälische Heimatministerin Ina Scharrenbach im Juni 2017 ins neue Amt kam, war sie in großer Verlegenheit, wenn sie gefragt wurde, was das denn sein soll, ein Heimatministerium. Um das herauszufinden, fuhr sie sechs Tage mit einer ›Heimattour‹ durchs Land, ließ Prominente wie den Volkstümler Heino als ›Heimatbotschafter‹ für NRW werben, veranstaltete einen Heimatkongress unter dem Motto ›Heimat. Zukunft. Nordrhein-Westfalen‹, bei dem sich prompt zeigte, in welche schwierige Nachbarschaft man bei diesem Thema geraten kann. Der ›Heimatbotschafter‹ Heino wollte sich nämlich erkenntlich zeigen und schenkte der Ministerin seine Platte *Die schönsten deutschen Heimat- und Vaterlandslieder*, 1981 erschienen, längst vergriffen.

Dummerweise finden sich auf dieser Rarität auch Schlager aus dem SS-Liederbuch, zum Beispiel das *SS-Treuelied* und das schauerlich-martialische *Vaterlandslied* von Ernst Moritz Arndt, in dem es unter anderem heißt: »Wir wollen heute Mann für Mann mit Blut das Eisen röten, mit Henker- und mit Knechteblut, o süßer Tag der Rache! Das klinget allen Deutschen gut, das ist die große Sache.« Das Lied war zwar ursprünglich eine Art Hymne in den Befreiungskriegen gegen Napoleon, aber es war bei den Nazis dann derart unter die Räder gekommen, dass eine demokratische Wiederbelebung schlicht unmöglich ist. Ein Musterbeispiel für ›zersungenes Erbe‹, so der Titel eines frühen Aufsatzes von Jost Hermand über das Deutschlandlied.[8]

Natürlich verwahrte sich die Ministerin entschieden dagegen, »in irgendeiner Weise mit der nationalsozialistischen Ideologie in Verbindung gebracht zu werden«. Was soll sie auch sonst tun? Das Problem ist nur, dass man sich beim Thema Heimat dreimal überlegen sollte, mit wem man sich ins Boot setzt.

Und natürlich betonte sie bei dem Kongress, dass Heimat nicht ausgrenzen dürfe, dass Zugezogene nicht ausgesperrt werden dürfen, sondern selbstverständlich dazugehören. Immerhin ist das ja nicht für alle Unionspolitiker selbstverständlich.

Dem soll auch die eigentliche Arbeit dieses Ministeriums dienen. Ein Investitionsprogramm heißt ›Integration im Quartier‹ und soll Städte und Gemeinden – es geht nicht nur um ländliche Räume – dabei unterstützen, ›Orte der Begegnung‹ zu schaffen, zu modernisieren und aufzuwerten. Das hört sich zwar immer noch sehr nach Verlegenheit an, aber es muss ja nicht schädlich sein. Ob es nützt, zum Beispiel als Heilmittel gegen AfD-Fieber, ist fraglich: Die Umfragewerte für die Rechtsfront stiegen zuletzt auch in NRW und in Bayern.

Was ein Heimatministerium im Bund soll, erscheint besonders rätselhaft. Im Internet wird kräftig gespottet: »Zum Mittagessen empfiehlt das Heimatministerium heute deutsche Hausmannskost!«, liest man da und: »Muss ich jetzt Dirndl tragen?« Zwar heißt das Ministerium gar nicht so, sondern immer noch Innenministerium, dem die Ressorts Bauen und Heimat zugeschlagen worden sind. ›Heimat mit Zukunft‹ steht im Koalitionsvertrag. Soll heißen, man will ›gleichwertige Lebensverhältnisse‹ in Städten und auf dem Land schaffen, in Ost und in West.

Das klingt sehr nach Volker Kauder, der im Frühjahr 2017 die Aufgaben eines Heimatministeriums so definiert hatte: den ländlichen Raum fördern, attraktiver machen, mit schnellerem Internet, mit Stipendien für Lehrer oder Ärzte, mit Führerschein für 16-Jährige, die ohne Auto nicht zu ihrem Ausbildungsplatz kommen könnten. »Das Land muss Heimat bleiben«, erklärte Kauder, es dürfe nicht nur in den Ballungsräumen aufwärtsgehen. Ulkigerweise kam er nicht auf die Idee, die Revitalisierung des öffentlichen Nahverkehrs in ländlichen Räumen zu fordern. Das wäre nämlich eine wirklich sinnvolle Maßnahme.

Vernünftigerweise müsste ein solches Ressort Struktur- oder Infrastrukturministerium heißen. In diese Richtung argumentiert Horst Seehofer auch. Es gehe nicht nur um Lederhosen und Dirndl, sondern eher »um die gleichwertigen Lebensbedingungen in allen Regionen Deutschlands.« Dagegen wäre natürlich nichts zu sagen. Nur ist das Etikett ›Heimat‹ dann umso mehr ein netter, kleiner Schwindel. Zumal die Förderung des ländlichen Raumes dort geblieben ist, wo sie hingehört: im Landwirtschaftsministerium. Denn es ist ja offensichtlich, dass hier ein Zauberwort im Kampf gegen die AfD gesucht wird. Den entsprechenden Spitznamen hat Seehofers Ministerium schon: ›AfD-Abwehrministerium‹ oder ›Volksberuhigungs- und Gegenwartsängstebekämpfungsministerium‹[9]. Es soll ein schönes Gefühl vermitteln, ein bisschen Schollenverbundenheit, ein bisschen »Seht her, wir überlassen die Heimat nicht den rechten Verführern«. Und der Minister muss jetzt mit dem Beinamen ›Heimat-Horst‹ leben.

Man will die besänftigen, die sich im Stich gelassen fühlen, und sieht in einem Heimatministerium »eine gute Antwort auf die Sorgen der Bürger in Ost und West, die sich abgehängt fühlen«, wie es der Thüringer CDU-Fraktionschef Mohring formulierte. Als ob ein Ministerium denen das Heimatgefühl zurückgeben könnte, die es verloren haben; als ob Heimat verordnet und politisch organisiert werden könnte.

Die Chance läge woanders. Da der Innenminister künftig auch fürs Bauen zuständig ist, könnte er zum Beispiel für mehr Sozialwohnungen, für erschwingliche Mieten, für anständiges Wohnen insgesamt sorgen. Das wäre schon mal *ein* Element, das Heimat ausmacht: ein Ort, an dem man sich wohlfühlt, weil man das Wohnen bezahlen kann. Eines unter vielen.

Linke Politiker befürchten dagegen, dass ein Heimatressort im Bundesinnenministerium eher für eine noch schärfere Flüchtlingspolitik zuständig sein soll. Ein Innenminister, der für sichere Grenzen zuständig ist, wäre als Heimatminister eben auch eher für Abgrenzung anstatt für Integration zuständig. Und dann wäre ›Heimat‹ genau auf den Sinn zurückgeführt, der von Rechtsaußen gemeint ist: Als Behauptung einer völkischen Identität und als Ausgrenzung der anderen. »Heimat grenzt nicht aus, sondern schließt ein und ist etwas Verbindendes«, erklärt dazu NRW-Ministerin Scharrenbach. »Heimat ist für alle – auch für Zugewanderte – da und richtet sich nicht gegen irgendwen.« Horst Seehofers Parolen hören sich anders an: »Wir werden uns gegen Zuwanderung in deutsche Sozialsysteme wehren – bis zur letzten Patrone.« Das war einer seiner stärksten Sprüche beim politischen Aschermittwoch 2011. Und als Seehofer dann im neuen Amt war, machte er mehrmals deutlich, dass ›Heimat‹-Politik für ihn sehr wohl alle ausgrenzen soll, die in seinen Augen nicht dazugehören.

Wir sehen: Über etwas derart ›Normales‹ wie Heimat lässt sich in Deutschland nicht ohne Weiteres ›normal‹ reden. Das Erbe der Nazis wirkt fort, und die Übernahme der ausgrenzenden, fremdenfeindlichen ›Heimat‹-Definition der Nazis durch Rechtspopulisten macht entspanntes, gelassenes Sprechen über Heimat schwierig.

Freilich: ›Heimat‹ hatte schon immer etwas Vertracktes an sich. Er gehört zu den Begriffen, die sich merkwürdig gut zum Missbrauch eignen. Ein Wort wie ›Liebe‹ zum Beispiel lässt sich verkitschen ohne Ende. Es wird dadurch nicht unbrauchbar. Auch nicht dadurch, dass die ›Liebe zum Führer‹ wesentliches Element des Führerkults um Hitler war. Aber die ›Heimat‹ konnte den faschistischen Missbrauch nicht unversehrt überleben.

Was daran liegen mag, dass der Begriff ›Heimat‹ und das Gefühl, das er beschreibt, häufig mit Abwesenheit oder Verlust zu tun hat, ein Gegenbegriff zu Fremde, Ferne ist. Heimat wird in aller Regel erst dann zum Thema, wenn man nicht da ist. Der Wanderbursche, der Soldat, der Emigrant, sie sind fern der Heimat und sehnen sich nach ihr. Bereits im 18. Jahrhundert, dann ganz massiv in mehreren Wellen im 19. Jahrhundert wanderten Menschen aus Deutschland aus. Zum Teil aus religiösen, hauptsächlich aber aus wirtschaftlichen Gründen. Vor allem die erste Hälfte des 18. Jahrhunderts ist gekennzeichnet von Armutsmigration. Die Menschen machten die Erfahrung, dass die alten Ordnungen nicht mehr gelten, dass nichts mehr an seinem Platz ist. Sie waren entwurzelt oder erlebten die Entwurzelung anderer.

Die Jahrzehnte zwischen 1750 und 1850 sind Zeiten politischer Hochspannung. Unter Historikern ist der Begriff ›Sattelzeit‹ geläufig geworden, den Reinhart Koselleck für die Epochenschwelle zwischen Früher Neuzeit und Moderne vorgeschlagen hat.[10] Die beginnende Industrialisierung zieht eine massive Umwälzung der tradierten Ordnung nach sich, die Französische Revolution und ihre Folgen stellen Europa auf den Kopf, eine deutsche Revolution bahnt sich an, die Freiheitskriege gegen Napoleon sorgen für Unruhe. Die Kräfteverhältnisse zwischen Stadt und Land verschieben sich, Verlustangst, Verlustempfinden, ein Gefühl der Verlorenheit sind die Folgen. Angesichts dieser dramatischen Veränderungen der sozialen, wirtschaftlichen und politischen Realität wird – vor allem in der Dichtung der Romantik – ›Heimat‹ zu einem imaginierten Gegenpol, zum Ruhepol in einer Welt der Industrialisierung und Urbanisierung, zum Symbol für Beständigkeit und den natürlichen Gang der Dinge.

Der Volkskundler Hermann Bausinger schreibt: »Gerade weil die Welt sichtbar in Bewegung geraten war, wurde Heimat in einem Bereich abseits von dieser Bewegung angesiedelt. Heimat – das war vor allem Natur, schöne, unberührte, höchstens durch die sorgsame Pflege des Landmanns veredelte Natur, fern jedenfalls von all dem, was in den Sturmzeiten der Industrialisierung der Natur angetan wurde.«[11] Und er definiert »Heimat als *Besänftigungslandschaft*, in der scheinbar die Spannungen der Wirklichkeit ausgeglichen sind«.[12]

Dabei war die Karriere des Begriffs Heimat bis dahin eher unauffällig. Das Wort ist in seiner mittelhochdeutschen Vorform ›heimuot‹ seit dem 11. Jahrhundert belegt, in seiner modernen Form hingegen seit dem 15. Jahrhundert. Ursprünglich bedeutete es ›Haus‹, ›Hof‹, ›Stammsitz‹. Und seit dieser Zeit bezeichnet es ein klar definiertes Rechtsverhältnis. Das Heimatrecht ist traditionell das Recht, in seiner Geburtsgemeinde, seinem Dorf zu wohnen, zu heiraten, einen Hausstand zu gründen, ein Gewerbe zu betreiben. Es umfasst aber auch den Anspruch auf Unterstützung und Versorgung bei Krankheit und Verarmung. Wer wegzog, verlor das Heimatrecht nicht. Die Gemeinde musste einen verarmten Heimatberechtigten aufnehmen, wenn er nach Hause kam. Selbst dann, wenn er straffällig geworden war.

Im Kern war dieses Heimatrecht freilich eher dazu gedacht, den Kreis der Anspruchsberechtigten klein zu halten und die umherziehenden Bettler und Landstreicher einer Gemeinde zuzuordnen. Wer aus Not seine ›Heimat‹ verließ, wurde woanders nicht geduldet.[13] Insofern war das traditionelle Heimatrecht weniger ein Recht auf Beheimatung, »es zielte vielmehr restriktiv auf den Ausschluss derer, die arm waren und die gezwungenermaßen ihre Herkunftsorte verlassen hatten«.[14]

Im 19. Jahrhundert wandelte sich dieses Recht. Heimat war nicht mehr an den Geburtsort gebunden. Zum Beispiel hatte jeder preußische Staatsangehörige das Recht, sich da aufzuhalten, wo er Wohnung und Auskommen hatte. War er – sofern volljährig – drei Jahre am selben Ort, musste er dort versorgt und unterstützt werden.

Diese Regel wurde im deutschen Kaiserreich noch einmal liberalisiert: Ab 1894 wurde das Heimatrecht automatisch nach zweijährigem, ununterbrochenem Aufenthalt verliehen. Angesichts der rasanten Industrialisierung mussten Arbeiter mobil sein. Schon von daher war ›Heimat‹ als das Ewige, Unverfügbare, Unverrückbare bedroht. Und dem wurde auch die Rechtskonstruktion ›Heimat‹ angepasst.

Heimatlieder

Umso mehr wird der Begriff in der Dichtung der Romantik und im volkstümlichen Lied mit Bedeutung aufgeladen. *Im schönsten Wiesengrunde*, 1851 von Wilhelm Ganzhorn geschrieben, ist eines der erfolgreichsten Heimatlieder dieser Zeit und weit darüber hinaus. Hier geht es allerdings – noch – nicht um Verlust. Dreizehn Strophen lang wird eine Idylle als gegenwärtig existierend beschrieben. »Im schönsten Wiesengrunde steht meiner Heimat Haus, da zog ich manche Stunde ins Tal hinaus.« Das Haus steht da, die Heimat existiert.

Häufiger aber wird der Verlust von Heimat besungen. Die typische Situation: Einer ist von zu Hause fortgegangen und sehnt sich nun zurück. »Nach der Heimat möcht ich wieder, in der Heimat möcht ich sein, strahlt mir doch noch eins so golden, dort der lieben Sonne Schein«, heißt es in einem Lied von 1828. Der Topos ist so erfolgreich, dass 1885 ein Lied mit gleichem Titel veröffentlicht wird: »Nach der Heimat möcht ich wieder, nach dem teuren Vaterort, wo man singt die frohen Lieder, wo man spricht manch trautes Wort.«

Das Verlustgefühl ist so mächtig, dass nicht einmal die Schnulze ein Happy End zulässt. Denn auch die Heimkehr bringt keine Erfüllung, weil die wiedergefundene Heimat ein anderer Ort geworden ist: »Horch! Die alten Eichen rauschen immer noch dasselbe Lied, sonst ist alles anders worden, seit ich aus der Heimat schied.« Weil die Menschen nicht mehr da sind, die den Ort der Kindheit zur Heimat machten. »Herz, die Heimat ward zur Fremde. Warum kehrtest du zurück?«

Der Klassiker schlechthin dieses Genres: *Aus der Jugendzeit* von Friedrich Rückert. »Aus der Jugendzeit, aus der Jugendzeit klingt ein Lied mir immerdar. O wie liegt so weit, o wie liegt so weit, was mein einst war!« Auch hier ist das Ersehnte, wenn es denn wiedergefunden wird, nicht mehr das, was es einmal war: »Als ich Abschied nahm, als ich Abschied nahm, war die Welt mir voll so sehr. Als ich wiederkam, als ich wiederkam, war alles leer.«

Dieses Muster hat anhaltenden Erfolg. Noch um 1900 dichtet Martin Greif: »Die alten Straßen noch, die alten Häuser noch, die alten Freunde aber sind nicht mehr«, und erschafft damit eins der erfolgreichsten Heimatlieder des 20. Jahrhunderts. Ähnlich charakteristisch ist das Lied des österreichischen Texters Bruno Hardt-Warden, vertont von Robert Stolz: »Vor meinem Vaterhaus steht eine Linde, vor meinem Vaterhaus steht eine Bank, und wenn ich sie dort wiederfinde, dann bleib ich dort mein Leben lang.« Es gehörte bis weit in die Siebzigerjahre des 20. Jahrhunderts zum Repertoire bekannter Sänger.

Heimatlieder sind so beliebt, dass sie innerhalb des Genres auch karikiert und ironisiert werden können. Gegen Ende des 19. Jahrhunderts war ein Lied sehr verbreitet, das im Stil der Moritat ein Mädchen besingt, das von zu Hause fortgeht.

Ein Mädchen kam vom Lande,
ein Mädchen wunderschön.
Sie trennte sich vom Heimatlande,
um sich die Stadt mal anzusehn.
Da rief sie: »Heimat, süße Heimat.
wann werden wir uns wiedersehn?«

Das Lied gibt es auch als dreistrophige Variante mit dem Titel *Ein Mädel jung von 18 Jahren*. Es geht um ein Mädchen, das in der Stadt an einen Gardeleutnant gerät, der ihr die Unschuld raubt. Sie geht wieder nach Hause und bringt dort das Kind zur Welt. Die am weitesten verbreitete Version beginnt so:

Sie war ein Mädchen voller Güte,
und naschen tat sie auch sehr gern,
bekam so manche Zuckertüte
von einem hübschen jungen Herrn.
Da rief sie: »Heimat, süße Heimat,
wann werden wir uns wiedersehn?«

In diesem Ton geht es weiter, während des Tanzes, während des Geschlechtsakts, als sie sich in den Rhein stürzen will, der aber zugefroren ist – immer ruft sie: »Heimat, süße Heimat, wann werden wir uns wiedersehn?« Ich habe die ›süße Heimat‹ in keinem ernst gemeinten Lied gefunden, das *Siebenbürger Lied* ausgenommen: »Siebenbürgen, süße Heimat, unser teures Vaterland.« Es scheint so, als gäbe es auch im ›Volksmund‹ ein Gefühl für das Kitschpotenzial des Begriffs ›Heimat‹.

Linde, Bank, Brunnen

Kindheit, Jugend und Vaterhaus sind die immer wiederkehrenden Chiffren für den Begriff ›Heimat‹. Die Linde, die Bank, der Brunnen vor dem Vaterhaus. Es geht kaum um reales Erleben, um den tatsächlichen Verlust etwa der Natur im Maschinenzeitalter. Mit ›Heimat‹ werden keine sozialen Konflikte thematisiert oder gar ausgefochten. Es geht um Wald und Wiesen, schöne Landschaften, um das Bächlein im stillen Tal, um Vögel und Blumen, Heimeligkeit, Idylle. Schöne Bilder werden gemalt, Naturklischees bedient. »Gerade diese Allgemeinheit der Bilder, die Neutralisierung von Heimat zu einer abgezogenen Vorstellung, die alle widerspenstigen und individuellen Realitätsmomente abgestreift hat – gerade sie gab diesem Heimatbegriff jene Flexibilität und Schmiegsamkeit, mit denen er bis in die Gegenwart überdauern konnte.[15]

In der Dichtung der Romantik freilich, anders als in den trivialen Heimatschlagern, geht es sehr wohl *auch* um eigenes Erleben. »Ich träum' als Kind mich zurücke und schüttle mein greises Haupt. Wie sucht ihr mich heim, ihr Bilder, die lang ich vergessen geglaubt?« Adelbert von Chamisso war Flüchtling. Aus seiner französischen Heimat vertrieben, wurde er in Deutschland zu einem typischen Dichter der Romantik. Seine Reaktion auf den Verlust der Heimat ist bezeichnenderweise nicht der melancholische Rückzug in eine verzuckerte Vergangenheit. So lautet die letzte Strophe seines Erinnerungsgedichts an sein Vaterhaus, das Schloss Boncourt in der Champagne: »Ich aber will auf mich raffen, mein Saitenspiel in der Hand, die Weiten der Erde durchschweifen und singen von Land zu Land.«

Das ist überhaupt ein Zeichen der ohnehin widersprüchlichen Romantik: Heimat und Idylle auf der einen, Fernweh und

Reiselust auf der anderen Seite. Wer in die Ferne, die Fremde hinauszieht, hat die Heimat immer im Gepäck. Joseph von Eichendorff ist ein, wenn nicht der typische Vertreter dieses Genres.

Wer in die Fremde will wandern,
Der muss mit der Liebsten gehn,
Es jubeln und lassen die andern
Den Fremden alleine stehn.

Heimweh heißt dieses Gedicht, und schon die zweite Strophe weiß nichts mehr von Aufbruch und Reiselust:

Was wisset ihr, dunkele Wipfel,
Von der alten, schönen Zeit?
Ach, die Heimat hinter den Gipfeln,
Wie liegt sie von hier so weit!

Und zwar nicht nur geografisch, sondern auch zeitlich: Es ist die ›alte, schöne Zeit‹, die Zeit der Kindheit, die vergangen und verloren ist. Und dieser Verlust bestimmt das Erleben der Gegenwart. Theodor W. Adorno wies darauf hin, dass Eichendorff »kein Dichter der Heimat, sondern des Heimwehs« war.[16] Das muss nicht überraschen, hatten wir doch gesehen, dass beides eng zusammenhängt.

Allerdings hatte Eichendorff, wie Chamisso, tatsächlich seine Heimat verloren. Nach dem Tod seines Vaters mussten die Güter der hochverschuldeten Familie verkauft werden. Für ihn hatte es wirklich eine ›gute, alte Zeit‹ gegeben, die seiner Kindheit und Jugend im Vaterhaus, dem Schloss Lubowitz in Oberschlesien. Er hatte die Welt seiner Kindheit buchstäblich verloren, und die Trauer über diesen Verlust bestimmen Leben und Werk. Selbst, wenn es so klingt, als beschriebe er lediglich die bloße Natur, wie in der Mondnacht, ist es letztlich doch wieder das Heimweh, das ihn treibt:

Und meine Seele spannte
Weit ihre Flügel aus,
Flog durch die stillen Lande,
Als flöge sie nach Haus.

Heimatbewegung

War die Liebe zur Heimat in der Epoche der Romantik noch eher ein literarisches Phänomen, wenn auch zu großen Teilen volksliedhaft, so wird in der zweiten Hälfte des 19. Jahrhunderts die Beschäftigung mit der Heimat realpolitisch. In den Bauernromanen des ausgehenden Jahrhunderts (von Autoren wie Ludwig Anzengruber, Ludwig Ganghofer und Peter Rosegger) geht es auch um das harte Leben der Bauern, um die nur scheinbar intakte bäuerliche Lebenswelt und um den Kampf gegen die Großgrundbesitzer.

Gleichzeitig werden in ganz Deutschland Heimatvereine, Heimatbünde, Trachtenvereine, Geschichtsvereine, Volkskunstvereine und Heimatmuseen gegründet, die Heimatkunde wird Schulfach – die ›Heimatbewegung‹ (oder Heimatschutzbewegung) entsteht. Dort geht es zunächst ganz praktisch um Naturschutz, Landschaftsschutz, Denkmalschutz, um Tradition und Brauchtum. Aber Natur und dörfliches Leben werden auch romantisiert und idealisiert. Das ›unverdorbene Landleben‹ wird zum zentralen Element einer Zivilisationskritik, die Verarmung, Verelendung und Verstädterung als Folgen der Industrialisierung anprangert. Die Antwort auf die tiefgreifenden wirtschaftlichen und sozialen Veränderungen ist der Blick zurück, die Verklärung der Vergangenheit anstelle einer aktiven Auseinandersetzung mit dem gesellschaftlichen Wandel. »Heimat wird zur Kulisse, hinter der sich ganz anderes abspielt«, schreibt Hermann Bausinger.[17]

Seit den Achtzigerjahren des 19. Jahrhunderts gewinnt die Heimatbewegung immer mehr an Einfluss, gleichzeitig werden die nationalistischen und völkischen Töne stärker. Wobei nicht übersehen werden darf, dass hier die Zerstörung der Landschaft, der überlieferten Wirtschaftsweise, der traditionellen Kultur unter frühkapitalistischen Bedingungen greifbare Tatsachen waren. Der Widerstand dagegen war ohne Zweifel berechtigt. Nur wurde dieser Kampf nicht nach vorne geführt, sondern nach hinten, im Festhalten an einer Vergangenheit, die genau das schon längst war – vergangen.

Hier war nichts ›der Zukunft zugewandt‹, sondern dem Rückgriff auf Schimären. Die Erhaltung eines nicht weiter definierten deutschen ›Volkstums‹ wird zum Thema, neben der deutschen Kultur wird auch eine ›deutsche Natur‹ im Menschen entdeckt. Sowohl die kulturellen wie die biologischen Wurzeln des deutschen Volkes gelten als bedroht und müssen gegen alle Einflüsse der Moderne verteidigt werden. Das Ringen um Heimat ist längst zu einem ideologischen Kampf geworden. Hermann Bausinger schreibt: »Unter Berufung auf Heimat … ließ sich nationale Identität herstellen.«[18]

Hier wurzelt auch die ›Blut-und-Boden‹-Ideologie, also die Theorie, dass ein gesunder Staat auf der Einheit von eigenem Volk, also einer einheitlichen Rasse und ›eigenem Boden‹ beruht. Das Begriffspaar ›Blut und Boden‹ war schon in den Zwanzigerjahren geläufig, unter diesem Titel gab es seit 1928 eine *Monatsschrift für wurzelstarkes Bauerntum, für deutsche Wesensart und nationale Freiheit*, und mit dem Hauptwerk von

Richard Walther Darré, einem Mitglied des völkisch-rechtsradikalen Artamanen-Bundes, erschien 1930 gleichsam die Programmschrift dieser Ideologie: *Neuadel aus Blut und Boden*.[19]

Heimat bei den Nazis

Es liegt auf der Hand, dass die deutschen Faschisten hier nahtlos anschließen konnten. ›Anschließen‹ ist wörtlich gemeint, denn die Nationalsozialisten führten im Wesentlichen fort, was sie vorfanden. »Im gedanklichen System des Nationalsozialismus gibt es nichts, was nicht schon Jahrzehnte vorher gedacht oder diskutiert worden wäre. Wie die Ideologie, so hat auch die Sprache des Nationalsozialismus ihre Wurzeln im 19. Jahrhundert.«[20]

Die Heimatbewegung lag im Prinzip quer zur kulturellen und politischen Gleichschaltung und Zentralisierung, die die Nazis anstrebten. Denn eigentlich widerspricht die Betonung des Regionalen und die Ideologie des kuscheligen Rückzugsraums dem, was die Nazis sich unter einer straff organisierten Volksgemeinschaft vorstellten. Auch war die Agrar-Romantik nicht die Sache der eher großstädtisch orientierten Nationalsozialisten.

Aber auch Bauern sind Wähler, und außerdem ließ sich ›Heimat‹ sehr gut in die ›Vaterlands‹-Ideologie einpassen. Auch passte der Blick nach hinten ins Konzept, und schließlich ließ sich die emotionale Orientierung recht gut ausbeuten – als Angebot an all diejenigen, die angesichts der Verunsicherungen durch den rasanten gesellschaftlichen Wandel ein einfaches, übersichtliches Bild von der Welt brauchten. Einer Welt, in der sie sich noch auskannten, zurechtfanden, die sie als die ihre identifizieren und als Zuhause erleben konnten. Die Gliederung des Reichs in ›Stämme‹ und ›Gaue‹ kam solchen Bedürfnissen zusätzlich entgegen.

Schon im August 1933 wurde ein ›Reichsbund Volkstum und Heimat‹ gegründet, der als eine Art Dachverband die bestehenden Heimatschutzverbände funktionierte. An der ideologischen Nähe zum Nationalsozialismus ließen die meisten maßgeblichen Vertreter der Heimatschutzbewegung von Anfang an keinen Zweifel. »Die von Beginn an in der Heimatschutzideologie vorhandene Vorstellung, Heimat sei ›rasseprägend‹ und heimatzerstörende Einflüsse seien ›rassefremden‹ Kräften zuzuschreiben, konnte nun endgültig hemmungslos artikuliert werden.«[21]

›Blut und Boden‹ wird zum Schlüsselwort nicht nur der Agrarpolitik, sondern der NS-Ideologie insgesamt – »mit dem Rang eines kultischen Symbols«.[22] Das zeigt sich besonders deutlich an einer Personalie: Richard Walther Darré wird zum agrarpolitischen Berater Hitlers, leitet ab 1931 das neu gegründete Rasse- und Siedlungshauptamt und wird 1933 Reichsbauernführer und Reichsminister für Ernährung und Landwirtschaft. Sein Credo »Wir wollen das Blut und den Boden wieder zur Grundlage einer Deutschen Agrarpolitik machen« wird zum Credo der NS-Politik insgesamt.[23]

Passend dazu entwickelt sich eine – vom NS-Staat üppig geförderte – ›Blut- und Boden‹-Literatur, die ebenfalls auf vorhandene Muster zurückgreift: Die Heroisierung der bäuerlichen Lebensweise, Bauer und Bäuerin als Vertreter einer ›artreinen‹ Rasse und die Dorfgemeinschaft als ›Blutsquell‹ des deutschen Volks knüpfen ersichtlich an Vorbilder aus der Heimatkunst des 19. Jahrhunderts an und werden zu einem Zentrum der Nazi-Literatur.

Heimat wird darüber hinaus in der Nazi-Ideologie zu etwas, das gegen zwei Feinde verteidigt werden muss. Gegen den inneren Feind, die ›rassefremden Kräfte‹ als Urheber der ›Heimatzerstörung‹. Und dann natürlich auch gegen den äußeren Feind. Die auf Expansion und Aggression ausgelegte Außen- und Kriegspolitik der Nazis benötigte ein Konstrukt, nach dem die ›Heimat‹ vor allem auch im feindlichen Ausland verteidigt werden musste, weil Deutschland angeblich von Feinden umzingelt war, die den Deutschen ihre Heimat rauben wollten.

Dazu kommt die auf der ›Blut-und-Boden‹-Ideologie beruhende These, dass die Deutschen – als ›Volk ohne Raum‹[24] – aufgrund ihrer ›rassischen Höherwertigkeit‹ jedes Recht hätten, fremdes Land zu besetzen, die dortige Landbevölkerung zu vertreiben und deutsche Bauern dort anzusiedeln. Robert Ley, der Leiter der ›Deutschen Arbeitsfront‹, erklärte 1939: »Wir können unseren Auftrag nur daher nehmen, dass wir sagen, es ist von Gott gewollt, dass eine höhere Rasse über eine mindere herrschen soll, und wenn für beide nicht genügend Raum ist, dann muss die mindere Rasse verdrängt und, wenn notwendig, zum Vorteil der höheren Rasse ausgerottet werden. Dasselbe gilt von dem Starken und dem Schwachen. Die Natur rottet überall das Schwache und Ungesunde zugunsten des Starken und Gesunden aus. … Aus diesen Gedanken, aus dieser Idee kommt unser Auftrag. Deshalb verlangen wir Boden.«[25]

Die Aggressivität des Nazi-Heimatbegriffs zeigt auch das Wort ›Heimatfront‹. Es war schon im Deutsch-Französischen Krieg 1870/71 und im Ersten Weltkrieg geläufig und wurde im Dritten Reich zu einem zentralen Begriff für die totale Mobilisierung. Auch die Zivilbevölkerung, so die Botschaft, steht an der Front und muss im Einsatz für die Rüstungsindustrie ihren Anteil am Kriegserfolg leisten. Heimat ist Kampfgebiet, auch ohne angegriffen zu werden.

Damit war der Heimat-Begriff endgültig zu einem Popanz geworden, mit dem man jede Gemeinheit, jede Brutalität, jedes Verbrechen, den Krieg, die Zerstörung und den Völkermord begründen konnte.

Nach dem Zweiten Weltkrieg

Vor diesem Hintergrund hatte ›Heimat‹ nach dem Ende der Naziherrschaft und des Zweiten Weltkriegs eigentlich keine gute Presse mehr. Bis in die Siebzigerjahre des vorigen Jahrhunderts wurde Heimat nicht mehr thematisiert – zumindest nicht im wissenschaftlichen Diskurs. »Jahrzehntelang tauchte der Begriff praktisch in kaum einer soziologischen Abhandlung auf, und selbst die Volkskundler übten sich eine Zeit lang in angestrengter Abstinenz.«[26]

Aber gleichzeitig waren der Begriff und sein Inhalt stets präsent. Zum einen durch den Zustrom von Flüchtlingen und ›Heimatvertriebenen‹ aus dem Osten, der die Debatte über Heimat, Entheimatung, Verlust und Wert von Heimat lebendig hielt. Wobei die aggressiv revanchistische Politik der Vertriebenenverbände mit dem expliziten Anspruch, die ›Rückgabe‹ ihrer verlorenen Heimat einzufordern, den schlechten Ruf des Begriffs eher beförderte.

Zum anderen sorgte die anhaltende Konjunktur der Heimatlieder und Heimatschlager für anhaltende Präsenz des Heimatbegriffs, auch die Heimatromane, die vor allem als Groschenromane bis heute eine ungebremste Massenkonjunktur haben. Nicht zu vergessen der Heimatfilm der Fünfzigerjahre: Hier macht es sich der dem Krieg und dem Nazireich entronnene Bürger gemütlich. Der Heimatfilm bietet genau die Zuflucht, nach der sich viele Menschen nach der überstandenen Katastrophe sehnten. Streifen wie *Schwarzwaldmädel* (1950), *Grün ist die Heide* (1951), *Im weißen Rössl* (1952), *Kaiserwalzer* (1953),

Der Förster vom Silberwald (1954) *Die Mädels vom Immenhof* (1955), *Und ewig ruft die Heimat* (1955) zogen ein Millionenpublikum an. Dass die Schauplätze des deutschen Heimatfilms häufig in Österreich liegen, stört das deutsche Publikum offenbar wenig.

Bis 1960 wurden über dreihundert Heimatfilme gedreht, fast alle nach demselben Muster: hohe Berge, blauer Himmel, grüne Wälder, bunte Wiesen, eine alberne Liebesgeschichte, ein paar Possenreißer – und fast immer der Gegensatz Stadt-Land. Ein arroganter junger Pinsel oder ein vertrottelter Industrieller, am liebsten aus Berlin, aber Hauptsache aus Preußen, kommt aufs Land und muss feststellen, dass die Landbewohner doch nicht so doof sind, wie er dachte. Gut und Böse sind klar erkennbar, am Ende kriegen sich alle irgendwie, Happy End ist Pflicht.

Nun, so ganz stimmt das nicht. In einigen dieser Filme werden auch Konflikte verhandelt: Der Großgrundbesitzer gegen den Kleinbauern, der junge Wildschütz gegen den Förster, und wenn's eng wird, spielt die Natur mit und liefert Steinschlag, Lawine, Blitz und Donner und sonstige Unwetter, um den Bösewicht zu strafen. Und so ganz ohne Zeitnähe geht's auch nicht immer: In *Grün ist die Heide* wird immerhin Flucht und Vertreibung in der Gestalt des Lüder Lüdersen thematisiert.

Dieser Film beruht auf Motiven von Hermann Löns, dem deutschen Heimatdichter des 20. Jahrhunderts par excellence. Der Stoff wurde zum ersten Mal 1932 verfilmt, also noch vor der Machtübergabe an die Nazis, welche Löns, einen strammen Reaktionär und Antisemiten, nicht ohne Grund vereinnahmt hatten. Der Regisseur der Version von 1951, Hans Deppe, hatte in der Nazizeit drei Romane von Ludwig Ganghofer verfilmt: *Schloss Hubertus* (1934), *Der Jäger von Fall* (1936) und *Das Schweigen im Walde* (1937). Alle drei wurden in den

Fünfzigerjahren – von anderen Regisseuren – neu gedreht, denn sie passten fabelhaft zur neuen Heimatfilm-Begeisterung. Auf der einen Seite der Moloch Großstadt und seine zivilisationskranken Bewohner, auf der anderen Seite das echte und wahre Leben auf dem Land. Das hatte den Nazis gepasst – als Unterhaltungsfilm ohne aufgesetzte Nazi-Ideologie. Das passte in die Fünfzigerjahre – als Unterhaltungsfilm, der in einer intakten Welt spielt für ein Publikum, das von Krieg und Zerstörung traumatisiert ist. Hermann Bausinger: »Heimat wurde und wird von der Stange geliefert.«[27]

Das neue, alte Heimatlied

Die Fünfziger- und Sechzigerjahre sind auch eine hohe Zeit des Heimatliedes. Hier gibt es eine ungestörte Traditionslinie zu den Heimatliedern und -schlagern des 19. Jahrhunderts, auch Wehrmachtslieder stehen weiter hoch im Kurs. Wobei immer fraglich ist, ob diese Lieder ausgesprochene Soldatenlieder waren oder ob bekannte und beliebte Lieder in den Wehrmachtskanon übernommen wurden. Ein einschlägiges Beispiel ist *Heimat, deine Sterne*, das zwar als Nazi-›Duchhalteschlager‹ galt und gilt, in den Jahrzehnten nach dem Krieg aber anhaltend beliebt war: Es wurde im Radio gespielt (übrigens bis heute[28]), in Konzerten, auf Schallplatten aufgenommen – nicht nur von Sängern wie Wilhelm Strienz, der in den Vierzigerjahren mit diesem Lied große Erfolge feierte, sondern auch von populären Nachkriegssängern wie Rudolf Schock, Fred Bertelmann, Willy Schneider und anderen. Das Publikum wollte offenbar weiter seine Lieblingslieder hören und kümmerte sich wenig darum, ob diese von den Nazis ›missbraucht‹ worden waren.

Ein exemplarischer Fall für die Frage, ob Missbrauch ein Wort, einen Begriff, ein Gedicht, ein Lied notwendigerweise untauglich für den heutigen Konsum macht, und ein Beispiel dafür, wie angestrengt die Diskussion darüber bis heute geführt wird. In der *Frankfurter Allgemeinen Zeitung* ist am 8. Februar 2018 zu lesen: »Die absurde Steigerung davon, die Heimat als etwas außerhalb des Hauses zu empfinden, findet sich in einer der, halten zu Gnaden, schlimmsten Schlagerzeilen der deutschen Sprache aus dem Wunschkonzert der deutschen Wehrmacht: ›Heimat, deine Sterne‹. Ach, ihre Heimat hat eigene Sterne? Mitunter besangen die Deutschen also, vor allem außerhalb ihrer Außengrenzen, fatalerweise Sachen, die es gar nicht gibt.«

Nun, halten zu Gnaden, ein wenig Weiterlesen hätte den Autor um ein Vielfaches schlauer machen können. Denn es heißt in derselben ›schlimmsten‹ Schlagerzeile: »Heimat, deine Sterne, die leuchten mir auch am fernen Ort.« Damit kann der Autor des Liedes gemeint haben, dass in der Heimat und in der Ferne dieselben Sterne leuchten, weil der Himmel über Heimat und Ferne immer derselbe ist. Was nicht ganz korrekt wäre, denn es gibt den nördlichen und den südlichen Sternenhimmel. Insofern hat die Heimat durchaus ›eigene Sterne‹. Aber das ist offensichtlich gar nicht gemeint. Denn es heißt weiter: »Was sie sagen, deute ich ja so gerne als der Liebe zärtliches Losungswort.« Und dann: »Tausend Sterne stehen in weiter Runde, von der Liebsten freundlich mir zugesandt.« Es geht also um die romantische Vorstellung, dass die Liebste ihm die Sterne der Heimat in die Ferne geschickt hat. Da wird die Liebe besungen, die Sehnsucht nach der Liebsten, aber keine »Sachen, die es gar nicht gibt«.

Außerdem ist dieses Lied nicht aus dem ›Wunschkonzert der deutschen Wehrmacht‹, es ist aber darin aufgenommen worden und war lange die Nummer eins dieser ›Hitparade‹. Mit Krieg hat es nichts zu tun, es ist vor allem kein Soldatenlied nach dem Muster *Stuka über Afrika*. Da steht noch nicht einmal ein *Soldat am Wolgastrand*, sondern es handelt von einem Mann, der durch die Welt reist, von Ländern und Meeren, von Märchen und Wundern berichtet und doch immer an die Heimat denkt: »Dir gilt mein Lied in der Ferne, Heimat.«

Das Lied stammt aus dem Film *Quax, der Bruchpilot* mit Heinz Rühmann, einer Unterhaltungsklamotte aus dem Jahr 1941, als der Nazi-Krieg noch eine Erfolgsgeschichte war und keine ›Durchhaltefilme‹ benötigt wurden. Rühmann gibt den Antihelden, den Tollpatsch, den Angsthasen, der aber durch Ordnung, Disziplin und Kameradschaft doch noch zu einem ordentlichen Flieger wird, sogar zum Fluglehrer. Das passte den Nazis natürlich gut ins Konzept, der Film bekam das Prädikat ›künstlerisch wertvoll‹.

Der Film hat seinen immensen Erfolg auch dem Lied *Heimat, deine Sterne* mit der Musik des Schlagerkomponisten Werner Bochmann und dem Text von Erich Knauf zu verdanken. Knauf war USPD-Mitglied, Freund von Erich Kästner und dem Zeichner Erich Ohser, arbeitete als Schriftsteller und Journalist. 1934 wurde er verhaftet, kam für einige Wochen in die Konzentrationslager Oranienburg und Lichtenburg. Anlass: die Kritik an einer Opernpremiere, die Hermann Göring gefördert hatte. Er kam dann bei der Terra Film unter, wo er vor allem Produktionen von Heinz Rühmann betreute und Texte für Schlager von Werner Bochmann schrieb. *Mit Musik geht alles besser* war einer seiner großen Erfolge. Und eben *Heimat, deine Sterne*.

Seit November 1943 wohnte er zusammen mit Erich Ohser in Wilmersdorf, beide wurden im Februar 1944 von einem Hauptmann des Oberkommandos der Wehrmacht denunziert – wegen ›defätistischer Äußerungen‹. Beiden wurde vor Freislers

›Volksgerichtshof‹ der Prozess gemacht. Erich Ohser brachte sich am Vorabend des Prozesses um, Ernst Knauf wurde zum Tode verurteilt und im Mai 1944 im Zuchthaus Brandenburg enthauptet.[29]

Diesen Mann nun zum Nazi-Dichter zu machen, scheint mir doch arg weit hergeholt. Seine Texte sind anrührend, meist rührselig, manchmal kitschig. Es bleibt natürlich richtig, dass die Nazis diese scheinbar ›harmlose‹ Unterhaltung, ob Musik oder Film, umso besser für ihre Propagandazwecke einsetzen konnte, weil sie ›unverdächtig‹ war.

Aber macht sich dadurch automatisch derjenige verdächtig, der heute noch solche Lieder singt, hört, mag? Die Nazis hatten schließlich auch das *Wolgalied* für sich und die Wehrmachtspropaganda vereinnahmt, obwohl der Soldat, der am Wolgastrand »Wache für sein Vaterland« hält, der ›Zarewitsch‹ ist, der russische Thronfolger. Es hat sie auch nicht gestört, dass diese Operette für Richard Tauber geschrieben wurde, dem weltberühmten Tenor, den SA-Schläger 1933 vor dem Hotel Adlon in Berlin zusammenbrüllten (»Judenlümmel, raus aus Deutschland«) und zusammenschlugen.

Das *Wolgalied* war fester Bestandteil der bunten Abende der Truppenbetreuung. Rudolf Augstein berichtet, dass auf Anweisung des Führers statt ›Wolgastrand‹ ›Waldesrand‹ gesungen werden musste.[30] Das Wolgalied gehörte im ›Wunschkonzert der Wehrmacht‹ jahrelang zur Spitzengruppe. Ist damit Franz Léhars Operette *Zarewitsch* nicht mehr spielbar, das *Wolgalied* nicht mehr singbar? Abgesehen davon, dass ich es unerträglich schwülstig finde – es geht auch hier darum, ob wir uns von den Nazis vorschreiben lassen, wie und was wir sprechen, singen, denken. Was durch Nazi-Missbrauch wirklich so vergiftet und verdorben ist, dass wir es nicht mehr anfassen dürfen oder wollen.

So schön war die Zeit

Der Beliebtheit des Heimatlieds konnten solche Überlegungen sowieso nichts anhaben. ›Heimweh‹ ist ein Schlagerstichwort der Fünfzigerjahre. Das Lied *Heimweh* von Freddy Quinn war 1956 vierzehn Wochen am Stück auf Platz eins der deutschen Hitparade. Alle Zutaten sind da versammelt: die gute alte Zeit (»So schön, schön war die Zeit«), die Liebe, die Einsamkeit (»Wo ich die Liebste fand, da liegt mein Heimatland, wie lang bin ich noch allein«). Zwei Jahre später landet Freddy wieder einen Platz-eins-Hit mit *Heimatlos* (»Heimatlos sind viele auf der Welt, heimatlos und einsam wie ich«). Auch hier das bewährte Rezept:

> Ein paar Freunde, eine Liebe,
> daran denke ich das ganze Jahr.
> Ein paar Freunde, eine Liebe,
> wie es früher, früher einmal war.

Das setzt sich fort in der Massenkonjunktur der ›volkstümlichen‹ Musik, die vor allem durch das Fernsehen weite Verbreitung fand und bis heute Umsatzzahlen vorweisen kann, die manche Stars der Popmusik gerne hätten.

Heimat ist also ein ungebrochener Bestandteil der Kulturindustrie. Es gelingt nach wie vor, mit diesem Begriff die Sehnsucht nach einer intakten, ›heilen‹ Welt zu bedienen. »Dies bedeutet aber auch, dass bestimmte ältere Ideologiegehalte des Wortes abrufbar bleiben können. Es ist kein Zufall, dass die erste Blüte der … Heimatindustrie in den Anfangsjahren des Dritten Reichs lag.«[31]

Ob nun unerträglich verzuckert oder von den Nazis missbraucht – die Vokabel ›Heimat‹ hat überlebt. Und zwar nicht nur in den Massenprodukten der Unterhaltungsindustrie. Friedrich Nietzsche, der nun wirklich nicht irgendwelcher Heimat-Tümeleien verdächtigt werden kann, schreibt in seinem Gedicht *Vereinsamt*: »Wohl dem, der jetzt noch Heimat hat!«, und später: »Weh dem, der keine Heimat hat!« Das Wort hat hier wenig Romantik und schon gar nichts Reaktionäres im Gepäck. Das gilt auch im normalen Sprachgebrauch. Wenn jemand von seinem Heimatdorf, seiner Heimatstadt, seinem Heimatverein spricht, dann schert er sich wenig um den ideologischen Ballast, den das Wort mit sich schleppen könnte. Es überdauert eben auch jenseits ideologischer Auseinandersetzungen.

Das zeigen auch Äußerungen vieler deutscher Emigranten, denen in der Emigration klar wurde, wie selbstverständlich sie Heimat mit sich trugen. Vor allem wenn es um die Sprache ging, in der sie zu Hause waren, die ihnen in der ›Fremde‹ aber wenig nützte. Exemplarisch die Haltung von Jean Améry, von den Nazis verfolgt, gehetzt, gefoltert und in den Konzentrationslagern Auschwitz, Mittelbau-Dora und Bergen-Belsen inhaftiert: »Es ist nicht gut, keine Heimat zu haben.«[32]

Nur Heimat und nichts sonst zu kennen, führt nach Améry »zur Verödung und zum geistigen Verwelken im Provinzialismus. … Hat man aber keine Heimat, verfällt man der Ordnungslosigkeit, Verstörung, Zerfahrenheit.«[33] Wer aus der Heimat verjagt wird, erkennt erst ihre Bedeutung: »In der Heimat beherrschen wir souverän die Dialektik von Kennen-Erkennen, von Trauen-Vertrauen. … In der Heimat leben heißt, dass sich vor uns das schon Bekannte in geringfügigen Varianten wieder und wieder ereignet.«[34] Das heißt schließlich: »Man muss Heimat haben, um sie nicht nötig zu haben.«[35] Wer Heimat hat, der redet nicht viel darüber, der problematisiert den Begriff nicht, für den ist er einfach selbstverständlich. Erst der Verlust schafft die Besonderheit.

Und auch für manchen Antifaschisten, der trotz der Naziherrschaft in Deutschland bleiben wollte, war Heimat das entscheidende Argument. Exemplarisch hier Erich Kästner:

> Ich bin ein Deutscher aus Dresden in Sachsen.
> Mich lässt die Heimat nicht fort.
> Ich bin wie ein Baum, der – in Deutschland gewachsen –,
> wenn's sein muss, in Deutschland verdorrt.

Das hat mit Sonntagsidylle und Schlagersehnsucht ersichtlich wenig zu tun, sondern weist einmal mehr darauf hin, dass und wie Heimat auf verschiedene Weisen zur Innenausstattung verschiedener Menschen gehören kann. Für das Nachkriegsjahrzehnt jedenfalls gilt: ›Heimat‹ überlebt zum einen ganz selbstverständlich in diesem privaten Bereich, zum anderen aber überwiegend in den Beruhigungsräumen der Unterhaltungsindustrie.

Heimat, neu betrachtet

In den Sechzigerjahren des 20. Jahrhunderts war es dann vorbei mit der Gemütlichkeit. Allmählich entwickelte sich – auch im Zuge der Studentenrevolte – eine kritische Neubeschäftigung mit dem Begriff Heimat. Zum Beispiel in der Literatur. Martin Sperr, Franz Xaver Kroetz und Herbert Achternbusch beschreiben eine Heimat, die Angst macht. Die nicht nur eng ist und einschnürend, sondern brutal, sadistisch und sexistisch. Heimat ist hier keine Idylle, sondern die Hölle, der man entfliehen muss, um frei zu werden. Der Aufbruch in die Fremde verspricht diese Freiheit. Die Stoffe werden später zum Teil verfilmt, mit *Jagdszenen aus Niederbayern* (1969),

Wildwechsel (1973) und anderen Filmen entsteht ein neues Genre: der Anti-Heimatfilm.

Gleichzeitig beginnt eine intellektuelle Diskussion über die Frage, ob man den Begriff ›Heimat‹ so einfach aufgeben solle. »Ich hielte es für falsch, den Begriff Heimat in seiner Wandelbarkeit den Demagogen zu überlassen«, erklärt zum Beispiel Günter Grass schon 1971. »Es wäre auf intellektueller Seite ein verhängnisvoller Fehler, wenn wir aus lauter Abscheu vor diesem demagogischen Missbrauch nun sagten, mit diesem Begriff wollen wir nichts mehr zu tun haben. Wir haben ihn neu zu definieren.«[36]

Andererseits entsteht in neuen sozialen Bewegungen ein wiederum anderer, neuer Blick auf Heimat. Die Kämpfe der Korsen, Katalanen, Basken und Schotten um regionale Autonomie förderten auch in Deutschland das Verständnis für die Bedeutung der unmittelbaren – lokalen und regionalen – Umwelt für die Menschen. Die fortschreitende Zerstörung des Lebensraums durch Zersiedlung, Autobahnen, Braunkohletagebau und Atomkraftwerke ermöglichte eine positive Neudefinition von Heimat: nicht Butzenscheibenromantik, nicht gefühliges Festhalten am Überlieferten, sondern Verstehen dieser Traditionen, produktive Erarbeitung des Vergangenen und ihrer auf uns fortwirkenden Inhalte, schließlich Gestaltung einer lebenswerten Umwelt durch Erhaltung des Erhaltenswerten. »Heimat – das betraf Sonntagsgefühle, das wurde vermittelt in festtäglichen Darbietungen, Heimat war ein ausgesprochenes Freizeit- und Kompensationsphänomen. In der jüngsten Zeit aber ist durch die massiven Eingriffe in die unmittelbare Umgebung jedes Einzelnen deutlich geworden, wie viel Heimat mit dem Alltag zu tun hat.«[37]

Zahlreiche Bürgerinitiativen wurden in den Siebziger- und Achtzigerjahren Träger dieses neuen Heimatverständnisses, das schnell politisch wurde. Im Widerstand gegen die Atomkraftwerke in Wyhl am Kaiserstuhl und in Fessenheim, gegen das Atomlager in Gorleben, schließlich gegen die Atomanlage in Wackersdorf schlossen sich Wertkonservative und Linke zusammen im Kampf um das, was von allen Seiten selbstverständlich ›Heimat‹ genannt wurde. Was ihnen gemeinsam war und ist: die Erhaltung und Schaffung eines lebenswerten Lebensraums.

»Was wir gerade eben noch Heimat nennen können, ist nämlich nicht allein in seinem Namen, es ist bereits in der Substanz bedroht – ganz egal, ob uns der Mutterboden unter dem Hintern wegspekuliert wird oder die liebe Atemluft vor der Nase enteignet, und ohne dass man uns außer Landes jagte, sind wir doch alle in gewisser Weise Heimatvertriebene auf Abruf. Ein kleines Weilchen noch an industriellem Vormarsch, und die Heimat hat sich wie von selbst verflüchtigt.« Das schreibt der Schriftsteller Peter Rühmkorf im November 1980.[38] Auch für einen explizit linken Literaten ist es also völlig selbstverständlich, von Heimat zu sprechen.

Die Zerstörung dieser Heimat wollen sich viele Menschen nicht mehr gefallen lassen. Sie vor dem zerstörerischen Zugriff zu retten und neu zu schaffen, das ist Inhalt eines neuen Heimatbegriffs, ohne dass dieser nun besonders plakativ propagiert würde. Es ging um nichts anderes als das, was den Menschen nahe ist, wo sie geboren sind, wo ihre Wurzeln liegen, wo sie wohnen, woran sie denken, wenn sie nicht mehr dort wohnen, wo Familie und Freunde sind. Das wollte man sich nicht kaputtmachen lassen. »Heimat ist das Produkt eines Gefühls der Übereinstimmung mit der kleinen eigenen Welt. Heimat ist nur dort vorhanden, wo solche Übereinstimmung möglich ist.«[39] Nur nannten sich die Bewegungen der Achtzigerjahre aus verständlichen Gründen eben nicht ›Heimatbewegung‹.

Das ist wohl auch der Grund dafür, dass viele Zeitgenossen 1984 den Eindruck hatten, nun käme etwas ganz Neues. »›Heimat‹ heißt die Faszination, die Parole dieser Tage, im Bann von gleich sechzehn Sternstunden des Fernsehens.«[40] So jubelt *Die Zeit* am 5. Oktober 1984. Die Fernsehserie ›Heimat‹ von Edgar Reitz machte Aufsehen, vor allem weil hier jemand angeblich einen ›verpönten‹ Begriff reanimiert habe. Was, wie wir gesehen haben, so nicht stimmt.

Der WDR als Koproduzent, so erzählt Edgar Reitz, war »lange strikt gegen diesen Titel, weil er ihm zu belastet war«.[41] Und Reitz selbst hatte auch einen anderen Titel geplant, weil er keinen ›Heimatfilm‹ drehen wollte, weil dieses Genre »eine verlogene Idylle von Verbundenheit zur Landschaft hatte mit Pseudodramatik und Pseudovolkstum. Und ›Heimat‹ klang für uns noch nach Blut und Boden.«[42] Wohlgemerkt, die Rede ist von 1984.

Dass Reitz keinen ›Heimatfilm‹ gemacht hatte, war allen schnell klar. Sondern ihm ist ein Klassiker gelungen, ein klassischer Beleg für die These, dass ›Heimat‹ häufig, wenn nicht überwiegend mit Verlust zu tun hat. Und mit Flucht aus der Enge. Seine Figuren laufen weg aus Schabbach, oder sie verlieren die Heimat durch Krieg und Vertreibung. »So dass der Inhalt des Begriffs sich mehr und mehr in eine Erinnerung oder in ein sehnsüchtiges Verlangen nach Rückkehr in den Mutterleib verwandelt hat.«[43] Heimat ist genau nicht der Ort, »an dem man sich der eigenen Sache auf jeden Fall sicher ist, ein Ort, an dem man sich auskennt, wohlfühlt, anerkannt wird«, wie Micha Brumlik dazu anmerkt.[44]

Also kein Ort, der bereits existiert, sofern man dort geboren ist oder sich dort niederlässt, sondern der erst geschaffen werden muss. All die klugen Definitionen von Heimat von Johann Gottfried Herder (»Heimat ist da, wo man sich nicht erklären muss«) über Christian Morgenstern (»Nicht da ist man daheim, wo man seinen Wohnsitz hat, sondern wo man verstanden wird«) und Karl Jaspers (»Heimat ist da, wo ich verstehe und wo ich verstanden werde«) bis zu dem nordamerikanischen Lyriker Robert Lee Frost (»Heimat ist der Ort, wo sie einen hereinlassen müssen, wenn man wiederkommt«) geben eine leise Ahnung davon, dass der geografische Ort nicht das entscheidende Kriterium ist. Dass es auch eine geistige, eine intellektuelle, vor allem aber eine soziale Heimat gibt und dass solche Orte im Miteinander allererst entstehen. Sie sind nicht einfach da. Heimat muss geschaffen werden, dabei ist geistige und soziale Arbeit gefragt.

Pop und Mundart

»Heimat ist immer, wo wir Freunde finden, wo jemand auf dich wartet, ist zu Haus«, singt Reinhard Mey in seinem Lied *Mein Dorf am Ende der Welt*. »Zuhause ist da, wo man dich liebt« trällert Semino Rossi, und »Zuhaus ist da, wo meine Freunde sind«, heißt es bei Adel Tawil. »Heimat ist kein Ort, Heimat ist ein Gefühl«, singt Herbert Grönemeyer in dem Lied *Heimat*. Der Begriff ist längst nicht mehr den Kitschproduktionen der Schlagerindustrie vorbehalten, er hat auch die deutsche Popmusik erreicht.

Für die meisten Menschen dürfte freilich, anders als für Grönemeyer, Heimat sehr wohl ein Ort sein. Allerdings ein sehr eingegrenzter, überschaubarer. Aber eben *auch* ein Gefühl. *Hey Kölle, du bes e Jeföhl* heißt ein Erfolgsschlager der Kölner Mundartgruppe De Höhner – Hey, Köln, du bist ein Gefühl. Aber die Stadt selbst, der Ort, ist natürlich auch gemeint. Meist nur ein kleiner, sehr überschaubarer Teil davon. Ein Gefühl, an diesem

Ort zu Hause zu sein. In dieser Straße, im Schrebergarten, auf dem Zeltplatz, in der Kneipe, im Viertel.

En unsrem Veedel ist seit über vier Jahrzehnten ein Dauerhit der Bläck Fööss, nicht nur im Karneval: »Wat och passeet, dat eine es doch klor, et Schönste, wat m'r han schon all die lange Johr, es unser Veedel, denn he hält m'r zosamme, ejal, wat och passeet – en unsrem Veedel.«[45] Abgesehen von der Romantisierung des ›Zusammenhaltens‹ beschreibt das sehr gut, um welche Art von Gefühlen es da geht: Alles soll bleiben, wie es ist, Umwälzungen und Modernisierungen machen Angst, verunsichern. Das Lied ist eine Reaktion auf Stadtplanungen, die vor allem als Zerstörung empfunden werden: »Wie soll das nur weitergehen, was bleibt denn heute noch stehen?« So fängt dieses Lied an, um dann, als Heilmittel gegen das Zerstörerische, den Zusammenhalt im ›Veedel‹ zu lobpreisen.

Das ›Veedel‹-Lied war die B-Seite einer Schallplatte, auf der A-Seite war *Mer losse d'r Dom in Kölle* zu hören. Das ist keineswegs eine karnevalskompatible Liebeserklärung an die Heimatstadt, sondern explizite Kritik an der Sanierungspolitik der Stadtverwaltung (»Wat nötz die janze Stadtsanierung schon?«). Es geht um die geplante Sanierung des Severinsviertels, die auf Abriss, Entkernung und Vertreibung der Alteingesessenen hinausläuft. Dagegen die Botschaft: Lasst die Kirche im Dorf, also den Dom in Köln, den Kreml in Moskau, den Louvre in Paris, das Pentagon in Washington.

In den Liedern solcher Gruppen, die seit Jahrzehnten für eine Revitalisierung des Dialekts gesorgt haben, erleben wir seit vielen Jahren ein Revival von ›Heimat‹. Das gibt es nicht nur in Köln: Von Friesland bis Niederbayern, von Österreich nicht zu reden, gibt es seit geraumer Zeit Musikgruppen, die gegen den Trend der massenkompatibel verramschten, ›volkstümlichen‹ Musik die Tradition der echten Volksmusik hochhalten und sich satirisch mit der krachledernen Verballhornung von Volkstraditionen beschäftigen. Im Rheinland freilich ist dieser Trend besonders mächtig.

Die Texte schrammen gelegentlich hart am Kitsch entlang, in Köln sind sie häufig unerträglich sentimental, aber sie sind authentisch. Und immer schon dagewesen. Willy Ostermann hat 1936 das Lied *Ich mööch zo Fooß no Kölle jonn* veröffentlicht, es wird bis heute gesungen, weil es ein verbreitetes Gefühl besingt: »Wenn ich su an ming Heimat denke, un sinn d'r Dom su vür mer stonn, mööch ich tireck op Heim ahn schwenke, ich mööch zo Fooß noh Kölle jonn.«[46] Während des Zweiten Weltkrieges wurde das Lied per Heeresverordnung verboten. Sehnsucht nach Hause passte nicht zu den Durchhalteparolen.

Gebündelte Zugehörigkeiten

In Wissenschaft, Literatur, Kunst, Journalismus, ob Feuilleton oder Boulevard, hat der Begriff ›Heimat‹ seit Jahrzehnten ungebrochen Konjunktur. Man müsste vielleicht von ›Konjunkturen‹ sprechen, denn zumindest für die Romanliteratur hat die Forschung verschiedene Etappen ausgemacht: Von 1945 bis zur Mitte der Siebzigerjahre ist ›Heimat‹ in der Belletristik im wesentlichen Gegenstand der Erinnerung, vergangen und unerreichbar, so in den Romanen von Siegfried Lenz, Günter Grass, Horst Bienek und Uwe Johnson.[47] In den späten Siebzigerjahren wird dann ein Heimatbegriff entwickelt, der sich vom Ortsbezug, von Herkunft und Geburt allmählich löst und als etwas verstanden wird, das der Mensch sich selbst erschafft. Während in den Achtzigerjahren wiederum Anti-Heimatromane Konjunktur hatten, in denen Abschied genommen wird von der antiquierten Welt der Väter.[48]

Zwar gibt es immer mal wieder Rückgriffe auf den traditionell-statischen Heimatbegriff, in dem gelegentlich auch die reaktionären Inhalte wieder aufleuchten, aber insgesamt wird, vor allem seit den Neunzigerjahren, doch eher der neue, der andere Blick auf Heimat thematisiert. Die Debatte um die ›Heimat‹-Serie von Edgar Reitz hat diese Tendenzen ebenso befördert wie die politischen Umbrüche dieser Zeit.

Wobei in allen Bereichen eine wachsende Entromantisierung festzustellen ist. Schon 1984 ist von einer ›Renaissance des Heimatgefühls‹ die Rede, dessen Beschreibung recht nüchtern ausfällt: »Erstens: Heimat und Bezogenheit auf (Liebe zur) Heimat sind nichts als die gebündelten Zugehörigkeiten des Individuums zu seiner ständigen Umwelt, zur sozialen, kulturellen und natürlichen Umwelt. Zweitens: Heimatgefühl und Heimatbewusstsein leben in Zeiten auf, in denen die Umweltbezogenheit des Individuums labiler wird, sei es infolge erzwungener Mobilität des Individuums, sei es wegen nachhaltiger Veränderungen der Umwelt.«[49]

Freilich: Wenn diese ›Zugehörigkeiten‹ fraglich werden oder verloren gehen, wird ›Heimatgefühl‹ schnell wieder zu einem Verlustgefühl. Die deutsche Einheit ist zum Beispiel nicht umstandslos und für alle Menschen ein freudiges Ereignis, sondern auch Quelle anhaltender Irritationen. Nicht nur im Osten, vor allem aber dort, wirkt die Erfahrung eines gelebten Lebens, das als verloren und entwertet qualifiziert wird, hochgradig verstörend. Nicht allen ist das vereinte Deutschland eine ›neue‹ Heimat. Und der Rückzug in die Idylle ist da, wo nichts Idyllisches ist, ziemlich schwierig.

Globalisierung, Migration und Digitalisierung, also die zentralen Merkmale des Modernisierungsschubs beim Übergang ins 21. Jahrhundert, schaffen zusätzlich ein Klima, das dem der rasanten Industrialisierung des späten 18. und frühen 19. Jahrhunderts vergleichbar ist. Eine Welt, in der der smarte Manager zum Idealbild wird, stets unterwegs, ununterbrochen mit Smartphone und Tablet kommunizierend, nirgendwo zu Hause als in Flugzeug und Hotel – eine solche Welt überfordert viele Menschen.

»Mein Zuhause? Die ganze Welt!« So ist eine Hochglanzanzeige der Wirtschaftsprüfungsgesellschaft KPMG überschrieben – platziert auf der Rückseite des Magazins *Der Spiegel Wissen* zum Thema ›Heimat‹. In dieser Anzeige erklärt Yasmin – Assistant Manager Consulting – den geneigten Lesern: »Spanien. Australien. Singapur. Meine Projekte als Beraterin kennen keine Grenzen. Dank eines tollen Teams fühle ich mich bei jeder neuen Herausforderung schnell zu Hause.« Der Hinweis auf die Haltbarkeit ihrer Frisur dank wetterfestem Haarspray fehlt zwar, kann aber mühelos hinzugedacht werden.

Was hier noch als ein Stück unfreiwilliger Satire verbucht werden kann, wird im Zugriff des Soziologen zu bitterem Ernst. Die Erkenntnis, dass eine rasant beschleunigte Ökonomie immer schnellere und umfassendere Anpassungsleistungen der Menschen erfordert, ist eine Sache. Dies als Gegebenheit hinzunehmen, eine andere. »Ununterbrochen unterwegs zu sein ist zu einem Markenzeichen der globalen Elite, der ›Jetset-Society‹ aus Politikern, Künstlern, Sportlern, Managern und Wissenschaftlern geworden; sie sind die Gewinner der Globalisierung, die Immobilen sind die Verlierer.«[50] Wieso es sich bei der ›Jetset-Society‹ um eine Elite handelt, diese Erklärung bleibt der Jenaer Soziologe Hartmut Rosa ebenso schuldig wie die Begründung des allgemeinen Geltungsanspruchs dieser Lebens- und Arbeitsweise.

Auf atemberaubende Weise wird hier eine Bewegungsform des Kapitals – rasante Globalisierung und Digitalisierung – als hohes ›Tempo des sozialen Lebens der Spätmoderne‹[51] verkauft und damit gleichsam als ›naturwüchsige‹ Entwicklung verharmlost. Dass die Hochglanzexistenz des ›Jetset‹ ein Modell für die Arbeits- und Lebenswelt normaler Menschen sein soll, ist keineswegs plausibel. Industriearbeiter, Handwerker, Techniker, kleine und mittlere Angestellte, Kioskbesitzer, Dienstleister, Lehrer und andere gurken nicht durch die Weltgeschichte, um ihrer Arbeit nachzugehen, und auch der Grafik-Designer, der Informatiker, der Web-Designer beharren schon mal darauf, an dem Ort zu bleiben, an dem Leben und Arbeiten für ihn am besten zusammenpassen. Statt im schicken großstädtischen Loft zu sitzen, kämpfen sie lieber in der Provinz für schnelles Internet.

Was die Soziologie der Beschleunigung gerne vergisst, sind Sturheit und Eigensinn von Menschen, die sich von der angeblichen ›Unausweichlichkeit‹ spätmoderner Prozesse nicht abhängig und von affirmativer Wissenschaft nicht dumm machen lassen wollen. Worauf Eigensinn dieser Art beharrt, sind Räume und Zusammenhänge, die selbst geschaffen, selbst ›erarbeitet‹ wurden und von daher ›Heimat‹ in einem nicht ideologischen Sinn sind.

Natürlich haben die Beschleunigungsprozesse der Spätmoderne Auswirkungen auf das, was traditionell ›Heimat‹ genannt wurde und aktuell genannt werden kann. Wenn von den Menschen erwartet wird, immer mobil, immer verfügbar, immer flexibel zu sein – sozusagen ein Global Player vom Dorf –, dann stellt sich ganz selbstverständlich die Frage nach dem, was Heimat normalsprachlich ausdrückt. Nur die Antworten der meisten Menschen sind nicht unbedingt so, wie die Apologeten des Globalisierungs-Zirkus sich das vorstellen.

Und auch die Antworten, die in der Belletristik gegeben werden, lesen sich durchweg anders als manche soziologischen. ›Auf einmal Heimat‹ ist ein Artikel in der *Zeit* im Oktober 2017 überschrieben, in dem die Autorin einen ›Boom des Dorfromans‹ in der Gegenwartsliteratur entdeckt zu haben glaubt.[52] Mag sein. Nur: Das ›Auf einmal‹ stimmt nicht, ›Immer schon‹ wäre richtig. Die Beschäftigung mit dem Thema hat sich stets in Wellenbewegungen abgespielt. Und zurzeit geht der Wellenkamm offenbar besonders hoch. »Ich will weg. Weg hier. Ich will was Tolles machen. Ich will ganz, ganz tolle Menschen kennenlernen und will selber auch toll werden. Ich will ganz anders werden als die Leute hier«, heißt es in Katrin Seddigs Roman *Das Dorf*. Genauso haben wir das schon ziemlich oft gelesen. Auch die Geschichte von Großstädtern, die aufs Land ziehen, weil sie die Idylle suchen. Und damit schrecklich auf die Nase fallen.

Dass solche Bücher in einer Zeit boomen, in der der Buchmarkt voll ist mit Literaturen, die von Lebenswelten weit außerhalb Deutschlands erzählen, mag irritieren. Auf der einen Seite eine Literatur, die »biografischen und kulturellen Nomadismus« abbildet und sich damit auf der Höhe der Zeit befindet, auf der anderen Seite, so die *Zeit*-Autorin Ursula März, der »Rückfall« in die Heimatliteratur: »Es wirkt ein wenig paradox, so als hätten sich Gottfried Kellers ›Leute von Seldwyla‹ auf eine Zeitreise begeben, um aus dem Jahr 1856 in der zweiten Dekade des 20. Jahrhunderts wiederaufzutauchen.«[53]

Schon fünf Jahre vorher hatte das Feuilleton der *FAZ* eine Heimatroman-Welle entdeckt. Josef Bierbichlers *Mittelreich*, Katharina Hackers *Dorfgeschichte*, Bernd Schroeders Erzählung *Auf Amerika*, Moritz von Uslars *Deutschboden*, Judith Schalanskys *Der Hals der Giraffe* und den Wetterau-Zyklus von Andreas Maier gab es da auch schon. Möglicherweise eine Reaktion auf Großstadt-, vor allem Berlin-Romane um die Jahrtausendwende, in denen erzählt wird, wie Menschen in Metropolen Heimat allererst schaffen, gestalten müssen.

Und das ist nun wirklich ein ganz altes und beständiges Muster von Literatur und Lebenswelt: Junge Menschen ziehen von zu Hause weg, aus dem Dorf, aus der Kleinstadt. Im Zorn oder um endlich mal Luft holen zu können oder weil Studium oder Beruf es verlangen. Und dann kommen sie irgendwann zurück, desillusioniert, verbittert oder auch einfach nur müde von der ›großen Welt‹, und suchen das, was sie glauben verloren zu haben. Manchmal auch vergebens. Geschichten von Flucht und Wiederkehr. Die Motive sind häufig die nämlichen: die Suche nach einer Umgebung, in der der Mensch sich selbst definieren, sich ›finden‹ kann, die ihn das sein lässt, was der gefunden hat oder zu haben glaubt. Das kann man auch ›Heimat‹ nennen.

Die Frage, »ob wahre Heimat … immer eine Heimat der Geburt, der Wurzeln oder des Ursprungs sein muss oder ob auch eine Wahl-Heimat authentische Heimat sein kann«, ist längst entschieden. Nicht nur im Sinne des Literaturwissenschaftlers Hans Ulrich Gumbrecht, der Heimat definiert »als das Bedürfnis nach und das Anrecht auf eine permanente Nähe – auf permanente Nähe zu einer begrenzten Zahl von je verschieden geliebten oder geschätzten Mitmenschen. Heimat ist – vor dem Hintergrund lockender und drohender Ferne – nicht mehr (und nicht weniger) als der Wunsch, sich anzuschmiegen, primär immer an andere Menschen sich anzuschmiegen, psychisch und auch physisch.«[54] Gumbrecht ist Professor an der Stanford University in Kalifornien und seit einer Weile US-Staatsbürger. Für ihn ist Wahlheimat eben wegen dieser Nähe zu Menschen ›wahre‹ Heimat. »Zur ›Wahlheimat‹ kann ein Ort wohl erst dann werden, wenn wir dort Menschen gefunden haben, deren Nähe wir brauchen.«[55] Das scheint mir ein nachvollziehbarer Ansatz zu sein.

Die luxuriöse Situation eines deutschen Professors in den USA mag nicht die Regel sein. Aber auch für weniger Privilegierte ist es längst selbstverständlich geworden, dass Menschen sich ihre Heimat aussuchen, dass Heimat nicht mehr unbedingt konnotiert ist mit Land, Dorf, Idylle und Zurückgezogenheit. Das Ensemble aus menschlicher Nähe und bewohnbaren Orten und Räumen ist selbstverständlich auch in Städten, gerade in Großstädten möglich, mithin ›herstellbar‹. Menschen gestalten diese Räume, zum Beispiel durch soziales Engagement in Bürgerinitiativen, Umwelt- und Landschaftsvereinen.

Heimatvereine und Heimatmuseen haben sich schon seit langer Zeit von der Tradition der beschaulichen Verehrung der heimatlichen Scholle gelöst und betreiben das, was in den Grundschulen der Fünfzigerjahre einmal ›Heimatkunde‹ hieß – der Begriff wurde 1969 abgeschafft, weil er so »eng, verschwitzt und altmodisch«[56] wirkte wie der Begriff Heimat insgesamt. Das mag es noch geben, aber insgesamt gehört das der Vergangenheit an. »Heimat, das ist sicher der schönste Name für Zurückgebliebenheit«, schrieb Martin Walser 1968.[57] Das gilt schon lange nicht mehr. Viele Heimatvereine kämpfen schon seit Jahren ganz konkret, ganz praktisch für die Erhaltung des Rathauses oder des Bürgerhauses in ihrem Stadtteil, also gegen Zentralisierung und für Bürgernähe, gegen die Betonierung der Landschaft, die Begradigung von Bachläufen, die Abholzung von Dorflinden – das hat mit Betulichkeit längst nichts mehr zu tun. Ein Beispiel für unzählig viele: Dass die Rekonstruktionen der steinzeitlichen Pfahlbauten in Unteruhldingen am Bodensee inzwischen Weltkulturerbe der UNESCO sind, ist im Wesentlichen das Verdienst des örtlichen Heimatvereins. Und wenn es nach dem Münchener Journalisten Dirk von Gehlen geht, wird es demnächst auch einen ›Heimat- und Brauchtumsverein‹ für die Menschen geben, »die im Internet zu Hause sind«.[58] Er sammelt noch Unterschriften.

Gestaltung von Räumen: Das kann ganz buchstäblich gemeint sein. Zum Beispiel durch urbanen Gartenbau, der sich in vielen Städten von einer schicken Modeerscheinung zu einer veritablen Bewegung entwickelt hat. Inzwischen werden nicht nur triste Beton-Eckchen und Asphalt-Zwickel begrünt, damit sie schöner aussehen, sondern städtische Flächen werden zum Anbau von Obst, Gemüse, Kräutern und dergleichen zur Selbstversorgung genutzt.

Dass die Konsum-, Freizeit- und Wohlfühl-Industrie sich diese Trends längst zu eigen gemacht hat, ist nicht verwunderlich. Gastronomie, Lifestyle, Mode, Tourismus – ohne das ›neue Heimatbewusstsein‹[59] geht offenbar nichts mehr. Und das kommerzielle Interesse ist in aller Regel ein sicheres Indiz dafür, dass eine gesellschaftliche Bewegung im Mainstream angekommen ist.

»Heimat bezeichnet den Frame für eine Nahwelt, die als Gegenpol zu hyperkomplexen Globalstrukturen einigermaßen übersichtlich und verständlich ist; Heimat als sozialer Raum, wo das Individuum seine Verhaltenserwartungen bestätigt findet und abschätzbares Handeln in einem noch überschaubaren Bezugsrahmen ›sinnvoll‹ erscheint; als Ort, wo man sich konkret für etwas engagiert und sich konkret gegen etwas empört.«[60] So schreibt ein Blogger in der Wochenzeitung *Freitag*, der »eine inflationäre, nervensägenartige Beschwörung von ›Heimat‹ aus allen Kanälen, aus Feuilletons, Buchhandlungen, Talkshows und Polit-Stammtischen« feststellt.

Gleichzeitig gibt es immer noch die Wahrnehmung, dass über Heimat angeblich lieber nicht gesprochen wird. Exemplarisch hierfür: »Das Grausame an der Heimat ist ja, dass alle eine haben, wenige darin wohnen und kaum mehr einer darüber sprechen will.«[61] Schreibt Hannes Vollmuth in der *Süddeutschen Zeitung* und ergänzt: »Schon das Wort ›Heimat‹ nimmt außerhalb von Bayern niemand wirklich ironiefrei in den Mund.«[62] Und wir lesen zeitgleich (2016) im Online-Lexikon der Universität Oldenburg: »Der Begriff ›Heimat‹ erfährt gegenwärtig eine zunehmende Präsenz, die fast alle Lebensbereiche umfasst.«[63] Es kommt wohl darauf an, in welchen sozialen und kommunikativen Zusammenhängen man lebt.

Wir können davon ausgehen, dass Heimat in der Gegenwartssprache zum einen ausgesprochen gebräuchlich ist und zum anderen nicht mehr nur als Vergangenes, Verlorenes betrachtet wird, sondern als etwas Zukünftiges, auf das man hinarbeiten kann, etwas, das zu schaffen und zu gestalten ist.

Was allen in die Kindheit schien

In den aktuellen Debatten um Heimat wird gerne auch mal Ernst Bloch zitiert, der wie kein anderer den Heimatbegriff von der Festlegung auf Herkunft befreit hat. ›Umbau der Welt zur Heimat‹[64] ist die kämpferisch-emanzipatorische Parole seiner Philosophie, die letzten zwei Sätze seines Großwerks *Das Prinzip Hoffnung* lauten: »Die Wurzel der Geschichte … ist der arbeitende, schaffende, die Gegebenheiten umbildende und überholende Mensch. Hat er sich erfasst und das Seine ohne Entäußerung und Entfremdung in realer Demokratie begründet, so entsteht in der Welt etwas, das allen in die Kindheit schien und worin noch niemand war: Heimat.«[65]

Das ist das radikale Gegenteil dessen, was im romantischen und reaktionären, erst recht faschistischen Heimatbegriff gemeint ist. Für Bloch ist Heimat ein »philosophischer Begriff gegen die Entfremdung. Dass man in der Heimat identisch sein kann, dass die Objekte, wie Hegel sagt, nicht mehr behaftet sind mit einem Fremden, sondern wo das Objekt uns so nahe rückt wie das Subjekt, dass wir darin zu Hause sind.«[66] Weshalb Bloch, der selbst ein halbes Leben im erzwungenen Exil leben musste, von der Gefahr spricht, »dass jemand dieses utopische Moment im Begriff der Heimat übersieht und Heimat damit erklärt, dass irgendwer in Amerika ist und sich zurücksehnt. Daher kommt in der deutschen Emigrantenliteratur das Wort Heimat so oft vor.«[67] Heimat als utopischer Begriff – dieser Ansatz verbietet den Rückgriff, Rückzug auf konfektionierte ›Heimat‹, auf ein Fertigprodukt.

Es geht auch nicht um etwas, auf das man träumend und hoffend wartet, das man sich zwar wünscht und erträumt, aber – sozusagen in einem grotesken Missverständnis von Zukunft – auf sich zukommen lässt. Die ›Träume vom besseren Leben‹, so sollte Blochs Hauptwerk *Das Prinzip Hoffnung* ursprünglich heißen, haben das Potenzial, die Wirklichkeit zu überschreiten – und das nicht nur im Traum.[68] Utopie heißt bei Bloch nicht das schlechthin Ortlose, sondern das, was von den Menschen, den tätigen, Geschichte machenden Menschen, zur Wirklichkeit gebracht wird. Utopie ist in dieser Philosophie kein Nicht-Ort, sondern ein Ort, der noch nicht ist, aber geschaffen, erbaut und erarbeitet werden kann.

Der Jurist und Schriftsteller Bernard Schlink ist einer der wenigen Autoren, die Heimat nicht nur als Utopie[69], sondern auch als Gegenentwurf zu Entfremdung begreifen. »In der Uniformisierung und Anonymisierung der Lebenswelt wird Entfremdung konkret vor Ort erfahren. Entsprechend konkret richtet sich auch die Sehnsucht nach nichtentfremdetem Leben … auf die Region, die Stadt, den Kiez; diese sollen Individualität besitzen und ausstrahlen und Geborgenheit und Behaustheit vermitteln.«[70] Es ist bemerkenswert, dass Schlink ausgerechnet von diesem praktisch-konkreten Ansatz her zu dem Ergebnis kommt, dass am Ende »Unerfülltheit und Unerfüllbarkeit … den Zauber von Heimat stets« ausmachen.[71] Das Utopische ist für ihn eben – ganz im traditionellen Verständnis – nicht das Machbare, sondern nur das Wünschbare.

Der neue Nazi

Dass gleichzeitig das reaktionäre, deutschnationale,[72] faschistische Reden über ›Heimat‹ wiederaufgelebt ist, soll hier nicht marginalisiert werden. Aber dass dieses Reden den öffentlichen Diskurs beherrscht, ist dann doch merkwürdig. »Wir waren schon mal weiter, Genossen«, sagte Willy Brandt angesichts solcher Entwicklungen gerne.

Natürlich sorgt die Erfahrung mit Migration dafür, dass stärker und auf andere Weise über Heimat gesprochen wird. Angesichts weltweiter Wanderungsbewegungen bekommen solche Diskussionen einen anderen Drall. Einerseits, was das Verständnis von Heimat betrifft: Wer freiwillig sein Land, seine Stadt, sein Haus verlässt und in der ›neuen Heimat‹ offen empfangen wird, ist in einer radikal anderen Situation als diejenigen, die zum Verlassen der Heimat gezwungen sind, durch welche Umstände auch immer.

Der ›Auswanderer‹ ist die Luxusversion des Migranten, der Flüchtling die Elendsversion. Das ist der entscheidende Unterschied, der dann auch unser Verständnis, unsere Definition von Heimat beeinflusst, weil das Gelingen von Integration maßgeblich davon abhängt, ob von den Migranten völlige Angleichung verlangt oder ein selbstverständliches ›Recht auf Heimat‹ im Sinne von Sprache, Kultur und Traditionen anerkannt und mit der ›neuen Heimat‹ vermittelt wird.

Die andere Seite ist, dass Migration als Bedrohung empfunden wird. Bedrohung der Heimat als des eigenen Lebensraums.

Dann wird Heimat, wie bei den Nazis, wieder zum Kampfbegriff, zu etwas, das gegen einen Angriff verteidigt werden muss. Und so wird das Wort ›Heimat‹, das Edgar Reitz für eines der schönsten deutschen Besitztümer hält, wieder zu einem hochproblematischen Wort. »Diesen schrecklichen Hautgout«, sagt Reitz, »den es durch die Nazizeit und die pseudofolkloristische Industrie hatte, den hatte das Wort ›Heimat‹ eigentlich abgelegt. Aber plötzlich kommt dieser Beigeschmack zurück.«[73]

Es wäre nun aber wichtig, diesem Beigeschmack nicht die Herrschaft über unser Sprechen zu überlassen. Gerade weil ›Heimat‹ im alltagssprachlichen Gebrauch längst unverdächtig, selbstverständlich geworden ist, können wir uns von Fremdenfeinden und Rassisten nicht vorschreiben lassen, ob und wie wir dieses Wort benutzen. Wer missbrauchsanfällige Begriffe aus dem öffentlichen Diskurs ausklammert, überlässt sie den Missbrauchern. Wenn wir hier das Feld räumen, dann lassen wir zu, dass ›Heimat‹ als Kampfgebiet verstanden wird, dann setzen wir eine Argumentation ins Recht, die von Islamisierung Deutschlands, von ›Umvolkung‹, vom Aussterben Deutschlands als Folge der Migration spricht. Und die Migration als bewusst eingesetztes Mittel der deutschen Politik interpretiert, um die Deutschen auszurotten und die ›Heimat‹ den Muslimen preiszugeben.

Nicht weil ›Heimat‹ so ein schönes und anheimelndes Wort ist, sondern weil es wichtig ist, es politisch zu besetzen und die reaktionäre und faschistische Konnotation zu verhindern, sollten wir uns von den Rechtsnationalen nicht vorschreiben lassen, wie wir zu reden haben. Auch, weil dieser Begriff längst anders verstanden wird denn als Rückzug in eine unpolitische Gemütlichkeit. Hermann Bausinger hat diesen Wandel einmal am Heimweh festgemacht: »Wer Heimweh hat, sehnt sich in aller Regel nicht nach einer farbigen historischen Tracht. Der oder die Heimwehkranke sehnt sich auch nicht nach Heimatschlagern und ähnlichen Konfektionsangeboten, sondern nach bestimmten Menschen, nach Angehörigen und Freunden, nach der heimatlichen Sprache, der heimatlichen Küche, der Kneipe am Eck, dem Durchstreifen der Landschaft – kurz: nach dem gewohnten Alltag, dem herkömmlichen Leben in einem bestimmten Milieu und Umkreis.«[74]

Linke Heimat

Freilich: Wenn das herkömmliche Leben in gewohntem Alltag durch den fortschreitenden Fragmentierungsprozess des digitalen Kapitalismus und die fortschreitende Zerstörung und Entleerung von Lebensräumen zur Metapher der Ungemütlichkeit und Unbehaustheit wird, droht auch der Begriff ›Heimat‹ seinen positiven Klang zu verlieren. Wo keine Busse und Bahnen mehr fahren, wo es kein Einzelhandelsgeschäft mehr gibt, keinen Bäcker, keinen Fleischer, keine Kneipe, wo man aufs Auto angewiesen ist, um selbst das Notwendigste einzukaufen, wo soziales Leben nicht mehr stattfindet, weil es keine öffentlichen Räume mehr gibt, keine Sportvereine, keine Schwimmbäder, Theater und Museen sowieso nicht – da ist es gruselig, aber nicht heimatlich.

Und in heruntergekommenen Metropolen, in Schulen mit undichten Dächern, verdreckten Toiletten und schmutzigen Klassenräumen, die von den Eltern geputzt werden müssen, um zumindest noch den Schein der Geborgenheit zu wahren, wird sich kaum ein Gefühl von Zugehörigkeit einstellen. Will sagen: Ohne öffentliche Daseinsvorsorge wird das nichts mit einer positiven Besetzung des Heimatbegriffs, sosehr und lange auch schon auch private Initiativen in die Bresche springen.

Die ›Dorfladenbewegung‹, die eine Rückkehr der Grundversorgung in kleine Orte organisiert, meist unter Mitwirkung der ansässigen Bevölkerung, wäre dafür ein Beispiel.

Derlei kann aber notwendige Aktivitäten der öffentlichen Hand nur begleiten, nicht ersetzen. Massive Investitionen in Infrastruktur, bessere finanzielle Ausstattung von Städten und Gemeinden, Stärkung der sozialen Sicherungssysteme – das sind Voraussetzungen für die Herstellung von gesellschaftlichen Zuständen und von Lebensräumen, in denen sich keiner abgehängt fühlen muss. Die Politik der ›schwarzen Null‹ ist es dagegen nicht. »Das politische Ziel der lebenswerten Heimat ist es also, die Gesellschaft aus dem neoliberalen Würgegriff der Austerität zu befreien«, schreibt ein sozialdemokratischer Autor.[75]

Im selben Zusammenhang – dem IPG-Journal der Friedrich-Ebert-Stiftung – wehrt sich ein anderer Autor dagegen, den Begriff ›Heimat‹ umzudeuten und positiv zu besetzen. Stattdessen »sollte linke Politik sich darauf konzentrieren, wie wir die Menschen wieder in die Lage versetzen, durch eigenes Handeln, politische Urteilskraft und in Kooperation mit anderen aktiv ihre Lebensgrundlagen zu gestalten und darüber eigene stabile Identitäten zu entwickeln«.[76] Dabei merkt er offenbar gar nicht, dass genau dies inhaltlich mit der ›Besetzung‹ des Heimatbegriffs gemeint und dass von ›Umdeutung‹ nicht die Rede ist.

Wie verquer diese Diskussion gelegentlich immer noch läuft, zeigt dann dieser Satz: »Als politischer Kampfbegriff ist ›DIE Heimat‹ zu beliebig, zu kontaminiert und immer mit Ausgrenzung, Schollenmentalität und Chauvinismus verbunden.«[77] Dabei sind wir schon längst weiter. Es geht ja gerade darum, deutlich zu machen, dass ›Heimat‹ nicht zum politischen Kampfbegriff taugt und dass die Rechtsfront genau dies vorhat mit dem Versuch, nicht nur den Heile-Welt-Kitsch wieder heraufzubeschwören, sondern vor allem die reaktionären, ausgrenzenden, aggressiven Elemente wiederzubeleben.

Das zeigt sich in aller Radikalität dort, wo Neonazis den Heimatbegriff in Anspruch nehmen. Darf man zum Beispiel in Thüringen von Heimat nicht mehr reden, weil es den ›Thüringer Heimatschutz‹ gibt? Ist Heimat damit tabu? Ministerpräsident Bodo Ramelow: »Die ist einfach da, die trage ich in mir, und die lasse ich mir von keinem Nazi wegnehmen.«[78] Ramelow hält es für einen Fehler, »den Begriff zu skandalisieren und mit diesem Alarmismus den Begriff Heimat schlicht aufzugeben. … So entfernt man sich von den Bürgern.«[79]

Schon 1984 hat Hajo von Kracht, einer der Mitbegründer der ökolibertären Bewegung bei den Grünen, in der Zeitschrift *Kommune* dafür plädiert, »in eine öffentliche Auseinandersetzung um den Begriff Heimat einzutreten und den Nachweis zu führen, dass Heimat ein ökologischer, ein pazifistischer und ein demokratischer Begriff sein kann, wenn er befreit wird von dem Schutt, den die Geschichte auf ihm abgeladen hat.«[80] Und er fährt fort: »Wer … die Begriffe nicht klärt, wer statt dessen solche Themen als bedenklich und gefährlich zu vermeiden sucht, tabuisiert — der wird auch die Köpfe und Herzen der Menschen nicht erreichen und verurteilt sich statt dessen zu politischer Unfruchtbarkeit.«

Dem würde Robert Habeck, aktuell Bundesvorsitzender der Grünen, wohl zustimmen können. Er definiert ›linke Heimat‹ so: »Heimat kann bedeuten, dass in einer Gesellschaft solidarisch miteinander umgegangen wird: dass Menschen sich mit ihrer Arbeit identifizieren können, dass es sozialen Zusammenhalt gibt und Räume, wo Menschen mit Menschen miteinander kommunizieren, ohne Stress und Leistungsdruck.«[81]

Da wäre dann noch die Sache mit der Liebe. Damit haben nicht nur die Grünen ein Problem. Auch bei der PDS gab es eine

Kontroverse, als die damalige Vorsitzende Gabi Zimmer im Jahr 2000 erklärte: »Ich liebe Deutschland, ich liebe meine Heimat.« Bei den Grünen war es Katrin Göring-Eckardt, die mit dem Satz »Ich liebe dieses Land« im Wahlkampf 2017 für allerlei Aufregung gesorgt hatte. Cem Özdemir setzte ein paar Monate später im Bundestag noch eins drauf, als er in einer Rede gegen die AfD erklärte, er sei »als Bürger dieses Landes« stolz auf gewisse Dinge, zum Beispiel auf die Erinnerungskultur.[82] Und er schloss seine Rede so: »Am kommenden Samstag bin ich wieder in meiner Heimat. Ich fliege nach Stuttgart. Dort nehme ich die S-Bahn, und ich steige am Endbahnhof Bad Urach aus. Da ist meine schwäbische Heimat, und die lasse ich mir von Ihnen nicht kaputtmachen.« Ein Autor der *taz* fragte daraufhin verwundert: »Kann das funktionieren? Heimat, Deutschsein, diese Begriffe nicht zu ignorieren, sondern sie rhetorisch so zu wenden, dass sie antirassistisch werden – und sie so den Rechten zu entziehen?«[83] Einen Versuch sollte es wert sein.

Bertolt Brecht hat vor fast siebzig Jahren in seiner *Kinderhymne* den Takt schon mal vorgegeben. Die dritte Strophe lautet:

Und weil wir dies Land verbessern
Lieben und beschirmen wir's
Und das Liebste mag's uns scheinen
So wie andern Völkern ihrs.

Darum geht es: Das Land ›verbessern‹, also gemeinsam arbeiten an dem, was man dann auch wieder Heimat nennen kann. Das mag uns dann das Liebste scheinen.

Und weitere rund vierzig Jahre früher hat uns ein anderer ausgewiesener Linker gesagt, wie das mit der Liebe ist. Kurt Tucholsky hatte kein Problem damit, seine Liebe zu Deutschland zu erklären. Na ja, sagen wir, ein kleines Problem hatte auch er. »Das ist in schlechten Büchern, in noch dümmeren Versen und in Filmen schon so verfälscht, dass man sich beinah schämt zu sagen: man liebe seine Heimat.«[84] Trotzdem bestand er darauf: »Es gibt ein Gefühl jenseits aller Politik, und aus diesem Gefühl heraus lieben wir dieses Land.«[85] Dieses Gefühl gehört nach seiner Meinung nicht den anderen: »Es ist ja nicht wahr, dass jene, die sich ›national‹ nennen und nichts sind als bürgerlich-militaristisch, dieses Land und seine Sprache für sich gepachtet haben. Weder der Regierungsvertreter im Gehrock noch der Oberstudienrat noch die Herren und Damen des Stahlhelms allein sind Deutschland. Wir sind auch noch da.« Und weiter: »Im Patriotismus lassen wir uns von jedem übertreffen – wir fühlen international. In der Heimatliebe von niemand – nicht einmal von jenen, auf deren Namen das Land grundbuchlich eingetragen ist. Unser ist es.«[86]

Man muss Tucholskys Überschwang nicht teilen, aber der Kampfeswille, mit der er den Anspruch auf das eigene Land gegen die Deutschnationalen verteidigt, mag uns ein Ansporn sein: »Wir haben das Recht, Deutschland zu hassen – weil wir es lieben. Man hat uns zu berücksichtigen, wenn man von Deutschland spricht, uns: Kommunisten, junge Sozialisten, Pazifisten, Freiheitliebende aller Grade; man hat uns mitzudenken, wenn ›Deutschland‹ gedacht wird.« Und schließlich: »Deutschland ist ein gespaltenes Land. Ein Teil von ihm sind wir. Und in allen Gegensätzen steht – unerschütterlich, ohne Fahne, ohne Leierkasten, ohne Sentimentalität und ohne gezücktes Schwert – die stille Liebe zu unserer Heimat.«[87]

2 Süß ist der Name Vaterland

Ans Vaterland, ans teure, schließ dich an,
Das halte fest mit deinem ganzen Herzen.
Hier sind die starken Wurzeln deiner Kraft.

Friedrich Schiller, *Wilhelm Tell*

Anders als ›Heimat‹ ist ›Vaterland‹ nie so recht zu einem Wort für den täglichen Gebrauch geworden. Es ist ein Feiertagswort mit eingebautem Pathos, das gut zum Großpathetiker Friedrich Schiller passt.[1] Oder auch zu Johann Martin Miller, Theologe und Dichter des späten 18. Jahrhunderts, der durch die Verse »Was frag ich viel nach Geld und Gut, wenn ich zufrieden bin« berühmt geworden ist und dem wir das ›süße Vaterland‹ verdanken: »Süß ist der Name Vaterland, wo Einigkeit mit festem Band die Bürgerherzen kettet.« Das passt nun eher nicht in unsere Alltagssprache. Vaterland nimmt man für besondere Anlässe, für Festreden – Bundeskanzler Helmut Kohl beendete seine Neujahrsansprachen gelegentlich mit dem Satz »Gott segne unser deutsches Vaterland.« Ihm ging ›Vaterland‹ überhaupt flott von den Lippen, vor allem bei seinen Reden im Prozess der deutschen Vereinigung.

Und schließlich hat das Vaterland seinen angestammten Platz in Nationalhymnen. Sowohl das *Deutschlandlied* von Hoffmann von Fallersleben als auch die DDR-Hymne *Auferstan-*

den aus Ruinen von Johannes R. Becher verwenden das Wort ganz selbstverständlich. In Bechers Text kommt ›Vaterland‹ sogar zweimal vor: »Deutschland, einig Vaterland« in der ersten und »Deutschland, unserm Vaterland« in der zweiten Strophe. Das war den DDR-Machthabern irgendwann einmal so peinlich, dass die Hymne seit Anfang der Siebzigerjahre in der Öffentlichkeit nur noch instrumental vorkam.

Dabei hat das Wort ›Vaterland‹ eine ähnlich harmlose Entstehungsgeschichte wie ›Heimat‹. In germanischer Zeit bezeichnete es den Besitz des Vaters, den Acker, also buchstäblich das Land. Im Mittelhochdeutschen wurde es dann schon zur Bezeichnung für das Land, in dem der Vater lebt oder lebte, aber gemeint war damit meist ein eng umgrenztes Gebiet: der Geburtsort und dessen Umgebung, was auch mit der Kleinteiligkeit der Herrschaftsgebiete zusammenhing. Das Vaterland war nicht das Reich, sondern das jeweilige Fürstentum.

Daran änderte sich kaum etwas, als – etwa seit dem 16. Jahrhundert – der Begriff ›Deutschland‹ üblich wurde. Das ›deutsche Vaterland‹ war immer noch die jeweilige Region, nicht das Heilige Römische Reich deutscher Nation.

Auch das Wort ›Patriotismus‹ – als Synonym von ›Vaterlandsliebe‹ – kann mit einer zunächst unverdächtigen Geschichte aufwarten: Seit Beginn des 18. Jahrhunderts wurde darunter ›Gemeinschaftsgeist‹ verstanden, eine Haltung, die den Dienst am öffentlichen Interesse in den Vordergrund stellte. In Zeiten der Frühaufklärung entstanden patriotische Vereine und Gesellschaften, in denen das gemeinnützige Engagement Programm war.

Der damalige Reformpatriotismus geht auf die Gelehrten und Gebildeten zurück, die unter Aufklärung nicht nur einen intellektuellen Prozess verstanden, sondern auch die Arbeit an gesellschaftlichen Veränderungen, die auf dem Wege der

Volksaufklärung auch die weniger gebildeten Stände erreichen sollten.[2] Patriotismus ist dabei kein Gegensatz zum Kosmopolitismus, sondern geradezu seine Voraussetzung: »Der Patriot ist im Idealfall Weltbürger, er findet dort sein Vaterland, wo er Menschenglück befördern und Menschenelend mindern kann, wozu ihm Gott weiter helfe.«[3] Ein Patriot, so die ›moralische Wochenschrift‹ mit dem Titel *Der Patriot*, ist ein Mensch, der sich »als einen Verwandten oder Mit-Bürger jedes andern Menschen« versteht und »die gantze Welt als sein Vaterland, ja als eine eintzige Stadt«.[4]

Die Idee von der ganzen Welt als Vaterland wurde durch die napoleonischen Feldzüge bald zunichte gemacht. Der auf diese Weise entleerte Patriotismus-Begriff wurde – vor allem in den antinapoleonischen Befreiungskriegen 1813 bis 1815 – inhaltlich zusehends mit Nationalismus aufgefüllt. Dennoch war das ›Vaterland‹ bei den Vormärz-Revolutionären noch durchaus positiv aufgeladen und – zumindest anfangs – nicht gegen andere Vaterländer gewendet. Im Kampf gegen die feudale Kleinstaaterei sollte ein demokratisches und republikanisches Großdeutschland entstehen. Was häufig vergessen wird: Die Nation, das eine, einige Vaterland war ursprünglich ein linkes Projekt. Es blieb ein Projekt. Heinrich Heine dichtete 1844:

Franzosen und Russen gehört das Land,
das Meer gehört den Briten.
Wir aber besitzen im Luftreich des Traums
die Herrschaft unbestritten.

Der Traum von einem demokratischen Deutschland wurde nämlich schon bald zu einem Albtraum von Macht, Abgrenzung und Nationalismus. Der Philosoph Johann Gottlieb Fichte träumte in seinen berüchtigten *Reden an die deutsche Nation* aus dem Jahre 1808 von den Deutschen als ›Urvolk‹ und dem Deutschen als ›Ursprache‹ und meinte, die deutsche Nation solle die Geschäfte des Weltgeistes betreiben. Ernst Moritz Arndt fragte 1814 in einem berühmt gewordenen Gedicht, was denn *Des Deutschen Vaterland* sei. Preußenland, Schwabenland, Rheinland, Bayerland, Steierland, Pommernland, Westfalenland, Österreich, die Schweiz – das alles sei nicht genug. »Das Vaterland muss größer sein«, heißt es Strophe für Strophe. Und dann kommt die erlösende Idee:

So weit die deutsche Zunge klingt
und Gott im Himmel Lieder singt:
Das soll es sein! Das soll es sein!
Das wackrer Deutscher, nenne dein!

Ein ziemlich umfänglicher Besitzanspruch, möchte man meinen, ein geistig-literarischer Imperialismus ganz besonderer Art. Hinzu kommt, dass Arndt ein ausgewiesener Franzosenhasser und strammer Antisemit war – merkwürdig, dass ein Deutschnationaler dieser Prägung bis heute als Demokrat und Kämpfer gegen den Feudalismus gewürdigt wird.

Tatsache bleibt: In diesen Zeiten wird der emanzipatorisch-republikanische Begriff ›Vaterland‹ mehr und mehr mit dem Gift eines aggressiven, fremdenhassenden Nationalismus getränkt. Als schließlich 1871 das Deutsche Reich gegründet wurde, war vom Vaterlandsbegriff der Freiheitskämpfer kaum noch etwas übrig geblieben. Der Bürger im Vaterland des Wilhelminismus war oder sollte vor allem Untertan sein: autoritätsgläubig, obrigkeitshörig, hierarchiegläubig.

Interessant ist in diesem Zusammenhang das Schicksal von Emanuel Geibels Gedicht *Deutschlands Beruf* von 1861. Die letzten beiden Zeilen lauten: »Und es mag am deutschen Wesen einmal noch die Welt genesen.« Das kann man wohlwollend so verstehen, dass die Einigung Deutschlands, zu der Geibel die Einzelstaaten aufruft, ein friedenstiftendes Vorbild für ganz Europa werden könnte. Man muss aber schon sehr wohlwollend sein, erklärte Geibel doch vorher, dass nicht mehr die Launen der Franzosen, der Italiener oder des ›Koloss im Norden‹ zum ›Weltgesetze‹ werden, sondern:

Macht und Freiheit, Recht und Sitte,
Klarer Geist und scharfer Hieb
Zügeln dann aus starker Mitte
Jeder Selbstsucht wilden Trieb.

Das muss man eigentlich so verstehen, dass künftig ein einiges Deutschland – eben ›die starke Mitte‹ – die Weltgesetze bestimmen sollte. Dann erst kann die Welt am deutschen Wesen genesen. Der Wilhelminismus wählte genau diese Lesart. Mit einer kleinen Textänderung wurde Geibels Schlussvers zur machtpolitischen Parole des deutschen Kaiserreichs: »Und es *wird* am deutschen Wesen einmal noch die Welt genesen«, später verdichtet zu der Spruchweisheit: »Am deutschen Wesen soll die Welt genesen.«

Gleichzeitig wird ›Vaterland‹ in den nationalistischen Bewegungen des ausgehenden 19. Jahrhunderts zu einem politischen ›Beschwichtigungsangebot‹:[5] Die politischen und vor allem wirtschaftlichen Entwicklungen bedeuteten für viele Menschen Entwurzelung und Verlust, aber: »Heimat sollten trotzdem alle haben – Heimat im Sinne von Vaterland.«[6] So wird ›Heimat‹ als der engere, private mit dem umfassenderen und politischeren Begriff ›Vaterland‹ gleichgesetzt oder gar durch ihn ersetzt.

Es geht um eine »Verlagerung der Gefühlswerte von Heimat auf Vaterland (z.B. Lieder, nationale Legenden, historische Feiertage, lokale Helden, Bräuche)«.[7] Das gilt vor allem auch für eine nationalpolitisch orientierte Bildungspolitik, die sich schon vor, erst recht aber nach der Reichsgründung 1871 immer stärker artikulierte. »Heimat wird benutzt, um das individuelle Bedürfnis nach Identität auf ein größeres Territorium ›Vaterland‹ zu übertragen.«[8] In der Interpretation von Kurt Tucholsky heißt das: »Das ›Vaterland‹ ist der Albdruck der Heimat.«[9]

Adressat dieser Bemühungen ist zunächst einmal das Bildungsbürgertum, dann aber auch das Kleinbürgertum. In zahllosen Büchern, Aufsätzen, Traktaten und Manifesten, in der Agitation von Vereinen, Verbänden, Bünden und Orden wird dieser Schub ins Nationale vorangetrieben: »Man darf die Massivität und die Wucht dieser nationalen Vorstellungen nicht unterschätzen. In manchen Bücherschränken haben sich jene Germania-Hausbücher mit Golddrucktitel und martialischen Bildern erhalten, in denen die neue, aggressive Qualität des Nationalismus in die Familien hineingetragen wurde; und auch die großen nationalen Denkmäler, die nun als neue Kristallisationspunkte eines die partikularen Heimatgefühle überhöhenden und auffangenden Nationalgefühls entstanden, reden eine deutliche Sprache.«[10]

Darüber hinaus ist die Vaterlandspropaganda »zweifellos auch als Identifikationsangebot an die ›heimatlose‹ Arbeiterbewegung gedacht. Das Konzept der nationalen Identifizierung zielt ab auf die Einebnung des ›Denkens in Klassengegensätzen‹, zumindest das der proletarischen Seite.«[11] Die organisierte Arbeiterbewegung steht diesem Angebot freilich recht reserviert gegenüber. Denn die Heimatlosigkeit oder Vaterlandlosigkeit galt lange Zeit als selbstbewusst formuliertes, konstitutives Merkmal der Arbeiterklasse. Noch weit ins 20. Jahrhundert hinein lautete eine Parole auf Kundgebungen zum 1. Mai: »Mein Vaterland ist international.«

Im *Kommunistischen Manifest* argumentierten Karl Marx und Friedrich Engels gegen den Vorwurf, die Kommunisten wollten das Vaterland abschaffen: »Die Arbeiter haben kein Vaterland. Man kann ihnen nicht nehmen, was sie nicht haben.«[12] Das verweist auf die erzwungene Mobilität der Arbeitermassen, ihre Entwurzelung und Verpflanzung an fremde Orte, um sie an allen möglichen Maschinenstandorten verfügbar zu machen. Und bei Kurt Tucholsky heißt es: »Der Arbeiter hat kein Vaterland; er kämpft, wenn er dieses ›Vaterland‹ verteidigt, einzig und allein für den Wechsel seiner Ausbeuter, und im großen Ganzen kann ihm gänzlich gleichgültig sein, unter welcher Fahnenfarbe er ausgenutzt wird.«[13]

Zum Schimpfwort wurde ›vaterlandslos‹ einige Jahre später. Der Kulturhistoriker Wilhelm Heinrich Riehl, ein Wegbereiter der Volkskunde, schrieb 1866: »Jene Geschichtslosigkeit und Vaterlandslosigkeit … hat sich im vierten Stand in einer großen Volksschicht leibhaftig verkörpert.«[14] Und nachdem Kaiser Wilhelm II. die Sozialdemokraten 1895 als ›vaterlandslose Gesellen‹ beschimpft hatte, wurde der Begriff zum umfassenden Schmähwort für Kommunisten, Sozialisten und Sozialdemokraten.

Die scherten sich aber nicht besonders um diese Schimpfe. Johann Jacoby, ein deutscher Arzt und Radikaldemokrat, erklärte 1870 in seiner Schrift *Das Ziel der Arbeiterbewegung*: »Das Wort ›Vaterland‹, das Ihr im Munde führet, hat keinen Zauber für uns; Vaterland in Eurem Sinne ist uns ein überwundener Standpunkt, ein reaktionärer, kulturfeindlicher Begriff; die Menschheit lässt sich nicht in nationale Grenzen einsperren; unsere Heimat ist die Welt: ubi bene, ibi patria – wo es uns wohlgeht, das heißt, wo wir Menschen sein können, ist unser Vaterland; Euer Vaterland ist für uns nur eine Stätte des Elends, ein Gefängnis, ein Jagdgrund, auf dem wir das gehetzte Wild sind und mancher von uns nicht einmal einen Ort hat, wo er sein Haupt hinlegen kann. Ihr nennt uns, scheltend, ›vaterlandslos‹, und Ihr selbst habt uns vaterlandslos gemacht.«[15]

Insgesamt aber hat die Vaterlandspropaganda funktioniert, denn die Gleichsetzung von Heimat und Vaterland, schließlich die Ersetzung von Heimat durch Vaterland war bei einem großen Teil des Bürgertums, auch Kleinbürgertums erfolgreich. Auch hier mussten die Nazis keine große Überzeugungsarbeit leisten. Das Feld war bereitet, sie mussten nur beherzt zugreifen. Die Nazis haben weder die ›Heimat‹ noch das ›Vaterland‹ noch Überhöhung und pathetische Aufladung beider Begriffe erfunden. Sie nahmen das, was vorbereitet war, auf und radikalisierten es. Ohnehin war, wie wir gesehen haben, ›Heimat‹ kein originärer Begriff der Nazi-Ideologie. ›Heimat‹ bezeichnet das Kleine, das Übersichtliche, auch die Idylle, und das passte nicht so recht in die Ideologie des Großen, Raumgreifenden. Aber die Nazipropaganda konnte den schon von der deutschnationalen Heimatbewegung pervertierten Heimatbegriff fabelhaft noch weiter missbrauchen. Dagegen passte ›Vaterland‹ von vornherein ganz gut ins großdeutsche Konzept, sozusagen als Mindestmaß nationaler Selbstverständigung, sofern nicht gleich vom ›Reich‹ die Rede war.

Vor allem begleitet den Begriff ›Vaterland‹ stets etwas Militärisches, er trägt den Geruch von Tod und Opfer an sich. »Vaterland nennt sich dieser Staat immer dann, wenn er sich anschickt, auf Menschenmord zu gehen«, lässt Friedrich Dürrenmatt den Kaiser in *Romulus der Große* sprechen. Dass es süß und ehrenvoll sei, fürs Vaterland zu sterben, scheint immer schon gegolten zu haben. Der Spruch »Dulce et decorum est pro patria mori« findet sich bereits in einer Ode des römischen Dichters Horaz, ist also erst gut 2000 Jahre alt, aber auch Horaz hatte damit keine eigene, erst recht keine neue

Einsicht formuliert, sondern eine in jeder Kriegspropaganda geläufige Parole.

Auch das Wort ›heilig‹ begegnet einem ständig, wenn von Vaterland die Rede ist. Allerhöchste Mächte – weltlich und überweltlich – sind mit dem Vaterland innigst verbunden. Das gilt erst recht für die Zeit der nationalen Wallungen nach der Gründung des deutschen Kaiserreiches 1871. »Gott, Kaiser, Vaterland« lautet eine gängige Parole, so auch der Titel eines Gedichts von Georg von Hülsen, Generalintendant der Königlichen Schauspiele in Berlin, gedichtet zum Kriegsbeginn 1914:

Nun deutsche Schmiede hämmert,
stahlhart das deutsche Herz.
Der blut´ge Morgen dämmert,
rings starrt die Welt in Erz.
Reicht Brüder euch die Hand
»Gott, Kaiser, Vaterland!«

Das Ende der zweiten Strophe »Uns eint ein heilig Band: Gott, Kaiser, Vaterland« kommt auf Ansichtskarten, Spruchtäfelchen für die gute Stube und Stickereien fürs Sofakissen und den Wandbehang darüber zu massenhaften Ehren. Vaterländische Lieder dieser Art gab es in den letzten Jahren des 19. Jahrhunderts zuhauf, oft auch mit einer Variante des Spruchs: »Mit Gott für Kaiser und Vaterland«, manchmal auch »Mit Gott für Kaiser, Volk und Vaterland«.

Solche Parolen stehen auf Feldpostkarten, Kriegsflaggen, Medaillen, und sie sind einer historisch früheren Version entlehnt: »Mit Gott für König und Vaterland«. Das war die Inschrift auf dem ›Landwehrkreuz‹, das der preußische König Friedrich Wilhelm III., Vater des ersten deutschen Kaisers Wilhelm I.,

1813 gestiftet hatte. Das Kreuz wurde auf die Mützen der preußischen Landwehrsoldaten genäht.

Ohne diese militärische Konnotation kommt ›Vaterland‹ im ausgehenden 19. und beginnenden 20. Jahrhundert nicht mehr vor. Auch das seit 1840 besungene ›lieb Vaterland‹ konnte nur ruhig sein, weil die ›Wacht am Rhein‹, also das Militär, für diese Ruhe sorgte.[16]

Auch die Heiligkeit haftete dem Vaterland stets an. Rudolf Alexander Schröder, wie so viele Dichter und Denker seiner Zeit trunken von Kriegsbegeisterung, dichtete 1914 dieses: »Heilig Vaterland in Gefahren, deine Söhne stehn, dich zu wahren, von Gefahr umringt. Heilig Vaterland, schau, von Waffen blinkt jede Hand.« Als Schröder 1950 im Auftrag von Bundespräsident Theodor Heuss eine neue Nationalhymne dichten sollte, wollte er anfangen mit »Herz der Treue, Vaterland«. Aber Heuss wollte etwas Religiöses, sodass »Land des Glaubens, deutsches Land« herauskam. Aber auf das heilige Vaterland wollte Schröder nicht verzichten. Die dritte Strophe beginnt und endet mit »Land der Liebe, Vaterland«. Dass dies nicht die neue deutsche Hymne wurde, lag allerdings nicht an diesem Text, sondern an Konrad Adenauer. Er setzte durch, dass es bei Hoffmann von Fallerslebens *Lied der Deutschen* blieb.

Wenn nun etwas so heilig ist wie das Vaterland, ist es gleichsam selbstverständlich (und möglicherweise auch süß und ehrenvoll), sich für dasselbe zu opfern. Von Heinrich Lersch, einem weiteren Hurrapatrioten unter den deutschen Dichtern, stammt der Satz: »Deutschland muss leben, und wenn wir sterben müssen.« Das ist die Schlusszeile aller fünf Strophen seines Gedichts *Soldatenabschied*. Eine Zeile, die bis heute auf zahlreichen Kriegerdenkmälern steht und nach dem Kriegsende 1918 zu einer Kampfparole der antidemokratischen Kräfte wurde, die gegen die Weimarer Republik kämpften. 1933 unterschrieb Lersch als einer von 88 Schriftstellern das ›Gelöbnis treuester Gefolgschaft‹ für Adolf Hitler, 1935 wurde er NSDAP-Mitglied. Anders als Rudolf Alexander Schröder war ihm keine Karriere nach 1945 vergönnt. Lersch starb 1936.

Die Opfer für das Vaterland waren für die vaterländischen Ideologen nach dem verlorenen Krieg keineswegs vergebens: Alle Gefallenen wurden zu Helden erklärt, die ihr Leben auf dem ›Altar des Vaterlandes‹ geopfert hatten. Die Überhöhung des Vaterlandes ins Sakrale war damit vollendet. Dass die Nazis auch hier mühelos einen Weg fortführen konnten, der sorgfältig bereitet war, liegt auf der Hand. Da kein Kaiser mehr vorhanden war, musste ›der Führer‹ einspringen, und die mörderische Parole hieß: »Für Führer, Volk und Vaterland« – kämpfen, sterben, sich opfern. Und töten.

Die Liebe zum Vaterland hat an sich selbst nie genug. Sie muss zum einen moralisch so hoch angesetzt werden, dass sie zur Pflicht wird. Wer sein Vaterland nicht lieben mag, weil er etwas derart Privates und Intimes wie Liebe auf die Menschen beschränken möchte oder weil er sich einfach weigert, den vaterländischen Zirkus mitzumachen, der ist automatisch ein Vaterlandsverräter. Zum anderen wird im Begriff ›Vaterlandsliebe‹ die Bedrohung des Liebesobjekts gleichsam mitgeliefert: Das geliebte Vaterland ist stets in Gefahr, weil Feinde von außen oder von innen seine Vernichtung planen.

So schleppt der Begriff ›Vaterland‹ spätestens seit dem Ende des 19. Jahrhunderts Elemente von feindseliger Ausgrenzung mit. Die aggressiv-expansive Politik des Kaiserreichs geht einher mit einer Ideologie der Höherwertigkeit alles Deutschen und der Minderwertigkeit alles Nichtdeutschen. Das gilt traditionell für Franzosen und Engländer, im Zuge des anschwellenden Nationalismus des 19. Jahrhunderts dann aber vor allem für Slawen. Schon in Gustav Freytags Roman *Soll und Haben* aus dem Jahre 1854 kommt die gängige Slawenfeindlichkeit zur Sprache: »Es gibt keine Rasse, welche so wenig das Zeug hat, vorwärts zu kommen und sich durch Kapitalien Menschlichkeit und Bildung zu erwerben, als die slawische.«[17]

Organisationen wie der ›Alldeutsche Verband‹ und der ›Deutsche Ostmarkenverein‹ sorgten durch emsige Agitation dafür, dass Slawenfeindlichkeit mehr und mehr gesellschaftsfähig wurde. Hauptadressat war zunächst Polen, dann aber auch Russland. Schon im Ersten Weltkrieg stellte die deutsche Propaganda die Russen als kulturloses Volk dar, selbstverschuldet in Schmutz und Elend lebend, verlaust, verwanzt, schlicht ekelerregend. Dass der saubere und ordentliche Deutsche der wertvollere Mensch ist, versteht sich genauso von selbst wie die Tatsache, dass solche ›Untermenschen‹ vernichtet werden dürfen.[18]

Dieses aggressiv-rassistische Programm wurde dann von den Nazis ausgeführt. Am 22. August 1939 erläuterte Hitler den Befehlshabern der Wehrmacht auf dem Obersalzberg seine Kriegspläne gegen Polen: »Ziel ist Beseitigung der lebenden Kräfte. Bei Beginn und Führung des Krieges kommt es nicht auf das Recht an, sondern auf den Sieg. … Herz verschließen gegen Mitleid. Brutales Vorgehen. 80 Mill. Menschen müssen ihr Recht bekommen. Ihre Existenz muss gesichert werden. Der Stärkere hat das Recht. Größte Härte.«[19]

Damit war die Liebe zum Vaterland und seine Verteidigung gegen die Feinde in der Barbarei angekommen, die das Nazi-Regime kennzeichnet. Dass das arme Vaterland dafür nichts könne, ist natürlich immer wieder angeführt worden, aber trotzdem hat das Wort nach dem Zweiten Weltkrieg keine Karriere mehr machen können. Wie gesagt: Der Begriff kommt allenfalls im Feiertagsgewand daher, sozusagen mit Frack und

Zylinder. Er eignet sich auch nicht wirklich zur Parole. Auch die heutigen Rechten nennen sich ja nicht ›Vaterländler‹ oder ›die Vaterländischen‹. Zwar kommt in AfD-Reden und -Proklamationen das Wort ›Vaterland‹ häufiger vor, insbesondere in der Formel »Gott schütze unser deutsches Vaterland«, ein vor allem im Kaiserreich beliebter Postkartenspruch. Aber sonst versammeln sich die Rechten hinter der Fahne des Patriotismus, gleichgültig gegenüber der Tatsache, dass dieser Begriff nichts weiter als das Fremdwort für Vaterlandsliebe ist. Irgendwie erscheint das unverfänglich, denn Patrioten nennen sich auch CSU-Politiker gerne, gelegentlich auch solche von der CDU – und weisen darauf hin, dass Patriotismus nichts weiter bedeute als Identifikation mit dem eigenen Land und seinen Mitmenschen. Also keine Überhöhung des eigenen Landes, keine Abwertung anderer Länder, kein Nationalismus, kein Chauvinismus.

So unproblematisch ist das in der politischen Realität aber nicht immer, was sich zuverlässig dann zeigt, wenn über (National-)Stolz geredet wird. Ein Muster- und Meisterstück an Debatte über Nationalstolz spielte sich im März 2001 ab, als Politiker mancherlei Couleur meinten, ein Deutscher müsse dringend stolz auf Deutschland sein. Bundespräsident Johannes Rau wurde auch gefragt und erklärte: »Man kann nicht stolz sein auf etwas, was man selber gar nicht zustande gebracht hat, sondern man kann froh sein oder dankbar dafür, dass man Deutscher ist.« Das war dann aber des Klugen zu viel.

Vor allem Politiker der Union regten sich über Rau auf, CSU-Generalsekretär Goppel wohl am meisten: »Bei einem Bundespräsidenten, der diesen Stolz nicht hat, darf man fragen, ob er die 80 Millionen Bürgerinnen und Bürger seines Landes angemessen vertritt.« Und Friedrich Merz, damals Fraktionsvorsitzender der Union im Bundestag, erklärte, wenn man nicht mehr sagen könne, man sei stolz, Deutscher zu sein, dann habe die Bundesregierung ein Problem, »über das wir dann reden werden«. Der Bundeskanzler durfte nicht fehlen, er ließ sich so ein: »Ich bin auf die Leistungen der Menschen und auf die demokratische Kultur stolz«, erklärte Schröder, »und in diesem Sinne bin ich ein deutscher Patriot, der stolz auf sein Land ist.« Damit waren dann alle möglichen Varianten von Stolz und Deutschsein auf dem Markt, und das Durcheinander war nahezu komplett.

Kurzer Traktat über den Stolz

Also versuchen wir mal zu klären, was Stolz eigentlich bedeutet. Die Auskünfte des heißgeliebten Volksmundes sind ziemlich eindeutig: »Dummheit und Stolz wachsen am gleichen Holz«; »Der Stolz meint, sein Ei habe allzeit zwei Dotter«; »Der Stolz reitet zu Pferde aus und kommt zu Fuß nach Haus«; »Die Stolzen sind der Welt zur Pein«; und »Der Stolz frühstückt mit dem Überfluss, speist zu Mittag mit der Armut und isst zu Abend mit der Schande« – sprichwörtliche Redensarten nicht nur aus Deutschland. Das Wissen um das Lächerliche, Abgehobene des Stolzes ist international. ›Stolz wie ein Spanier‹ – auch das ist nicht positiv gemeint. Die Spanier werden wegen ihres sprichwörtlichen Stolzes von den Nachbarvölkern verspottet, der stolze Spanier ist eine Karikatur. ›Stolz wie ein Kutschenpferd‹, sagt man in Deutschland. Besser geht's nicht.

Natürlich ist ›Stolz‹ auch positiv besetzt: »Seinen ganzen Stolz in etwas setzen«, das heißt, sich besonders bemühen, sich anstrengen, weil man es sich selbst schuldig ist. Da hat das alles seinen Sinn. Stolz heißt: Freude über etwas gut Gelungenes, über etwas, dass man mit Anstrengung und persönlichem Einsatz erreicht hat. Etwas, das dann auch das Selbstwertgefühl steigert. Darauf hatte in aller Schlichtheit Bundespräsident Rau hingewiesen, als er meinte, stolz sein könne man nur auf etwas, das man selbst vollbracht hat, und nicht auf etwas, das man zufällig ist. Und musste sich gleich darauf von allerlei intellektuellen Hochflüglern abbürsten lassen, die endlich mal wieder den ›vaterlandslosen‹ Sozi geortet hatten.

»Ich bin auch stolz auf meine Eltern, und ich habe sie nicht gemacht«, diesen wunderbar dummdreisten Satz formulierte Guido Westerwelle im Frühling 2001 und erreichte damit mühelos das Niveau der CSU. Natürlich hatte Westerwelle im Prinzip recht: Stolz kann man auch sein auf jemanden, der einem nahesteht, auf dessen Eigenschaften, dessen Erfolge. Das ist dann zwar ein sehr abgeleiteter Stolz, aber die deutsche Sprache kennt diese Wendung. Insofern kann man, wenn man denn sonst im Leben nichts hat, in Gottes oder des Teufels Namen auch stolz auf Deutschland sein. Wer das braucht, soll das haben. Aber ›Stolz, ein Deutscher zu sein‹ – das ist, wie selbst die *FAZ* nicht umhinkonnte zuzugeben, eine ›Schlägerparole‹.[20]

Das *Handwörterbuch des deutschen Aberglaubens* weiß: »Dem Volke ist ein stolzer Mann ein hochmütiger Mann, der also verlangt, dass sich andere Menschen gegen ihn gering einschätzen.«[21] Genau das ist gemeint. Wer behauptet, er sei auf sich selbst stolz, weil er zufällig in Deutschland geboren ist, der sagt gleichzeitig, dass er stolz ist, kein Ausländer zu sein, sondern etwas Besseres. Nur so ergibt dieses grammatische und inhaltliche Dummdeutsch einen Sinn, und nur deshalb steht dieser Spruch auf Skinhead-Hemden. Wer so spricht, hat keine anderen Inhalte, mit denen er sich identifizieren kann, als die blanke Existenz, zufällig da oder dort geografisch angesiedelt. In den glatt rasierten Schädeln ist nichts drin, und dieser Hohlraum findet seinen angemessenen Ausdruck in der Schläger-Parole:

»Ich bin stolz, ein Deutscher zu sein.« Man könnte genauso sagen: »Ich bin stolz, stolz zu sein.« Eine solche Tautologie hat denselben Inhalt. Nämlich keinen.

Die Debatte um den Stolz war damals und ist heute eine Fortführung der Leitkulturdebatte (dazu später mehr) mit ähnlichen Mitteln, nur in schärferer Gangart. Wobei gerne argumentiert wird, dass Nationalstolz nun mal ein im Volksbewusstsein verankertes Bedürfnis sei, dem man ein entsprechendes Angebot machen müsse, damit nicht die Scharlatane von Rechtsaußen diese Marktlücke besetzen. Diese Debatte wurde so hysterisiert, dass selbst der zunächst so richtig und gelassen formulierende Bundespräsident meinte nachlegen zu müssen: Ja, sicher, Patriotismus sei ja ganz nett und normal, bloß Nationalismus dürfe nicht daraus werden. Das hatte er allerdings schon in seiner Rede nach der Wahl zum Bundespräsidenten zwei Jahre zuvor gesagt: »Ein Patriot ist jemand, der sein Vaterland liebt. Ein Nationalist ist jemand, der die Vaterländer der anderen verachtet.«

Natürlich kann man es sich mit einer solchen Definition gemütlich machen. Das Problem ist nur, dass Patriotismus, der glaubt, sich artikulieren zu müssen, sich immer scharf an der Kante bewegt. Das kippt leicht, wie sich an Debatten wie der über den ›Stolz, Deutscher zu sein‹ zeigt. Denn ob ich nun der ›natio‹ huldige, also dem Geburtsort, oder der ›patria‹, also dem Land des Vaters, dem Vaterland – das ist im Zweifel nur ein gradueller Unterschied. Das eine ist Teil des Begriffsinhalts des anderen. Der Schriftsteller Peter O. Chotjewitz schreibt: »Patriotismus und Nationalismus sind Begriffe aus der politischen Zoologie. Die patriotische Horde verteidigt die Beute gegen fremde Hyänen, die nationalistische wildert in fremden Revieren. Nationalisten sind Patrioten, die sich einbilden, es ginge ihnen besser, wenn sie anderen Nationen etwas wegnehmen.«[22] Und um das Maß voll zu machen, sei noch einmal Heinrich Heine zitiert, der sein Deutschland voller Schmerzen liebte, aber von Patriotismus nichts hielt:

Fatal ist mir das Lumpenpack,
Das, um die Herzen zu rühren,
Den Patriotismus trägt zur Schau,
Mit allen seinen Geschwüren.[23]

Wer den Patriotismus lobt, befindet sich im Bannkreis des Nationalismus. Patriotismus und Nationalismus gehören zum klassischen deutschen Obrigkeitsstaat, der in der Niederlage der Demokraten 1848 geboren wurde, der in zwei Weltkriegen zerbröselte und von denen, die es nötig haben, immer mal wieder belebt werden will. Die ›Stolz‹-Debatte gehört zu diesen Versuchen.

Max Horkheimer fragte sich 1959, noch ganz unter dem Eindruck der Naziherrschaft, welches Vaterland die Deutschen denn wohl lieben, worauf sie stolz sein sollen: »Nirgendwo in zivilisierten Ländern ist so wenig Grund zum Patriotismus wie in Deutschland, und nirgendwo wird von den Bürgern weniger Kritik am Patriotismus geübt als hier, wo er das Schlimmste vollbracht hat.« Und er beklagt den »fanatischen« Patriotismus der Deutschen, »der sich vor dem anderer Völker dadurch auszeichnet, dass er keine Idee hat, dass er in bloßer kollektiver Barbarei besteht. Nichts von Liebe ist darin. … Nichts ist wahr als Machtgier und Aggression.«[24] Dass diese Charakterisierung auch heute noch gelte, werden die meisten Patrioten natürlich bestreiten. Die Frage ist nur, ob der zugrunde liegende Begriff des Vaterlands, der ›patria‹, nicht bereits so geschunden ist, dass eine Wieder- oder Weiterverwendung sich verbietet.

Der Versuch, diesem Dilemma mit dem Begriff des ›Verfassungspatriotismus‹ zu entrinnen, ist möglicherweise nicht massentauglich, war aber auch nicht ganz erfolglos. Dolf Sternberger hat diesen Begriff geprägt[25] und stets darauf bestanden, dass dies kein Ersatz für einen nationalen Patriotismus sein soll. Sternberger weist darauf hin, dass Patriotismus sich ursprünglich immer auf Staatsverfassungen berief.[26] Er kann sich dabei auf mehr als einen prominenten Zeugen berufen, zum Beispiel auf den Aufklärer Christoph Martin Wieland, der 1780 schrieb: »Wenn unsere dermalige gesetzmäßige Constitution das einzige ist, was uns Deutsche zu einer Nation macht, und wenn sie augenscheinlich der Grund unsrer wesentlichsten Vorteile ist: was kann denn also deutscher Patriotismus anders sein als Liebe der gegenwärtigen Verfassung des gemeinen Wesens und aufrichtiges Bestreben, zu Erhaltung und Vervollkommnung derselben alles beizutragen, was jeder nach seinem Stande, Vermögen und Verhältnisse zum Ganzen dazu beizutragen fähig ist.«[27]

Jürgen Habermas hat Sternbergers Begriff in den Achtzigerjahren des 20. Jahrhunderts popularisiert, auch als Antwort auf restaurative Tendenzen zur Wiederbelebung eines ›normalen, gesunden‹ deutschen Nationalbewusstseins. Er setzt dagegen die Bindung an Grundwerte, Institutionen und Verfahren der freiheitlichen Grundordnung, die das Interesse an der ›res publica‹ und die Beteiligung am Gedeihen dieser Grundordnung einschließt. Gegen das Missverständnis, dass hier sozusagen ein eher theoretisches und akademisches Verhältnis der Bürger zu ihrem Land propagiert werde, erklärt Habermas, »dass sich Bürger die Prinzipien der Verfassung nicht allein in ihrem abstrakten Gehalt, sondern konkret aus dem geschichtlichen Kontext ihrer jeweils eigenen nationalen Geschichte zu eigen machen.«[28]

Dass ein solches Verständnis von Patriotismus nicht unbedingt die Herzen der Menschen erwärmt, ist Habermas immer wieder vorgeworfen worden. Wo bleiben die Emotionen? Lieben die Deutschen denn nicht ihr Land, ihr Vaterland? Muss denn nicht, wer international sein will, zunächst einmal eine nationale Identität entwickeln? Ich bin davon überzeugt, dass diese Frage die meisten Menschen nicht die Bohne interessiert. Als die ›Stolz‹-Debatte 2001 losging, kam bei einer Umfrage des Magazins *Der Spiegel* heraus: Gerade mal ein Drittel der Befragten konnte mit der Debatte überhaupt etwas anfangen. Ich behaupte: Die Menschen stellen sich solche Fragen nicht. Sie beantworten sie nur, wenn sie ihnen gestellt wird.

Typisch dafür ist das Vorgehen des Meinungsforschungs-Instituts Emnid. »Die meisten Deutschen sind stolz auf ihr Vaterland«, behauptete Emnid-Direktor Klaus-Peter Schöppner. Sein Beweis: 60 Prozent antworteten mit ›Ja‹ auf die Frage: »Haben wir Grund, auf unser Vaterland stolz zu sein?« Wenn man so fragt, bekommt man genau die Antwort, die man haben will.

Was oder wen lieben die Menschen? Zunächst einmal andere Menschen. Ihre Frauen oder Männer, Eltern, Kinder und Gefährten. Und natürlich haben viele, wohl die meisten Menschen ein emotionales Verhältnis zu dem Ort ihrer Herkunft. Zu ihrer Stadt, ihrem Stadtteil, ihrer Straße. Da, wo die Menschen ihre Wurzeln haben, wo ihre Sprache gesprochen wird, da schlägt ihr Herz. Wo auch immer auf der Welt sie gerade sein mögen. Aus dieser Zugehörigkeit erwächst Identität. Die Menschen sind Schwaben, Rheinländer, Bayern, Sachsen und Friesen. Und innerhalb dieser Zugehörigkeiten werden die identitätsstiftenden Merkmale immer dichter: Ein Pfälzer ist ein Pfälzer, wenn er an der Ostsee Urlaub macht. Zu Hause ist er Kurpfälzer, der sich aufs Schärfste vom Rheinpfälzer oder gar vom Westpfälzer abgrenzt. Aber Deutscher? Was soll das sein? Und wer braucht das? Woher nehme ich die deutsche Identität?[29] Vom alten Fritz, der nur Französisch sprach? Von Luther? Von den Germanen aus römischer Zeit? Viel Spaß damit.

Identitäten bewähren sich in Gemeinschaften, in denen wir jeweils als wir selbst angenommen, anerkannt, geachtet und gleichzeitig aufgehoben sind – im doppelten Sinne. Wir gehen nämlich in der Gemeinschaft auf und sind als Individuum umfangen von anderen Individuen. Diese Gemeinschaften gibt es lokal und regional, aber nicht national. Der Begriff ›Volksgemeinschaft‹ ist faschistisch besetzt. Wie der Einzelne sich definiert, das hat mit diesen Wurzeln zu tun. Selbstbewusstsein gewinnt der Einzelne darüber hinaus zunächst an seinen eigenen Leistungen, möglicherweise an der Solidarität der anderen mit sich und seinen Leistungen, aber auch mit seinem Versagen, mit seinem Scheitern. Das alles ist mit Parolen nicht zu gewinnen und hat mit Nation und ›patria‹ nichts zu tun. Wer gar nichts mehr hat, der braucht den hohlen Stolz auf diese Schimären.

Dagegen noch einmal die Erinnerung an Brechts *Kinderhymne*: »Und weil wir das Land verbessern, lieben und beschirmen wir's. Und das Liebste mag's uns scheinen, so wie andern Völkern ihrs.« So – und nur so – wird ein Schuh draus. Aus allem anderen spricht Überlegenheitsgefühl, sich für etwas Besseres halten als die anderen – und daraus ist in Deutschland und auch sonst überall noch allemal Krieg entstanden. Wer »stolz ist, ein Deutscher zu sein«, will diesen Effekt oder nimmt ihn zumindest billigend in Kauf.

Wer lieber unpathetisch mit seinem Land umgehen möchte, das eben doch sein Land, unser Land ist, der könnte so sprechen: »Ob ich es liebe, weiß ich nicht. Ich lebe hier und lebe gern, schon weil die anderen Vaterländer auch bloß Vaterländer sind.« So Franz Josef Degenhardt in seinem Lied *Unser*

Land aus dem Jahre 1980 mit dem Refrain: »Dies Land ist unser Land. So wie es ist, so wie es kommt, so wie es war. Dies Land ist unser Land, und wie es kommt, so ist es nicht, wie es mal war.«

Und weil es so schön passt, soll auch in diesem Kapitel Kurt Tucholsky das letzte Wort haben, der Anti-Nationalist par excellence: »So widerwärtig mir jene sind, die – umgekehrte Nationalisten – nun überhaupt nichts mehr Gutes an diesem Lande lassen, kein gutes Haar, keinen Wald, keinen Himmel, keine Welle – so scharf verwahren wir uns dagegen, nun etwa ins Vaterländische umzufallen. Wir pfeifen auf die Fahnen – aber wir lieben dieses Land.«[30]

3 Das Volk ist nicht völkisch

Wenn wir vor den Unteren bestehen wollen,
Dürfen wir freilich nicht volkstümlich schreiben.
Das Volk
Ist nicht tümlich.

Bertolt Brecht, *Da das Instrument verstimmt ist*

Rüdiger Safranski, Literaturwissenschaftler und Schriftsteller, machte im Frühjahr 2018 eine grauenhafte Entdeckung. »Für manche ist das Reden vom ›Volk‹ bereits unanständig«, stellte er in einem Interview im *Spiegel* fest.[1] Wer diese ›manche‹ sind, sagt Safranski vorsichtshalber nicht. Fünf Tage später klagt Ulrich Greiner, Literaturkritiker der *Zeit*, über ›Platzanweiser‹ in unserer Streitkultur, die sich gleichzeitig als Ankläger gerieren. »Dann gerät jeder, der Begriffe wie ›deutsch‹, ›Volk‹ oder ›Heimat‹ verwendet, unter schwersten Verdacht.«[2] Auch Greiner will uns nicht weiter damit belasten, Ross und Reiter zu nennen, also zu sagen, wer bei wem unter schwersten Verdacht gerät und vor allem welchen Vergehens dieser jemand bezichtigt wird.

Das zu wissen, wäre aber schon wichtig, um zu beurteilen, in welchen Kreisen die beiden Herren sich bewegen, ob sie in schlechte Gesellschaft geraten sind, in die falschen Kneipen oder auf die falschen Partys gehen. Haltbar ist dieses Gerede nämlich nicht, geschweige denn mit Fakten unterlegt oder wissenschaftlich ›beweisbar‹. Hier redet eher eine bestimmte Szene, die der Glaubensgemeinschaft »Das wird man doch noch sagen dürfen« angehört oder nahesteht. Man wüsste nur gerne, wo und unter welchen Umständen man ›Volk‹ nicht sagen darf.

Ulrich Greiner schwant wohl auch, dass er da reichlich wacklig argumentiert, und er legt am selben Tag in einem Interview im Deutschlandfunk nach: Begriffe wie ›Volk‹ und ›Heimat‹ und ›Familie‹ und ›Mutterschaft‹ seien nun mal kontaminiert. Oje, ›Familie‹ auch? Und ›Mutterschaft‹? So schrecklich kontaminiert scheinbar, dass der Begriff im Mutterschutzrecht zahlreich vorkommt und auch in der Alltagssprache problemlos verwendet werden kann. Schließlich meint Greiner: »Man sollte nicht erlauben, dass die Nazis noch 70, 80 Jahre danach so eine Macht über unsere Sprache haben.« Dem können wir ohne Einschränkung zustimmen. Auch wenn er fortfährt: »Man kann nicht alle Begriffe wieder reinigen. Das ist mir schon klar. Aber der Begriff ›Volk‹ ist ja unverdächtig.«[3] Eben.

Wo ist also das Problem? Für Safranski hier: »Die Selbstverständlichkeit, dass es ›Völker‹ gibt, sollte jedoch nach dem nationalsozialistischen Missbrauch auf Dauer nicht verdunkelt werden. Auch in Deutschland gibt es ein Volk, das steht sogar im Grundgesetz.«[4] Aber wer ›verdunkelt‹ denn die Tatsache, dass es Völker gibt? Dazu gibt Safranski keine Auskunft. Auch nicht zu der Frage, wer denn bestreite, dass Volk ›sogar‹ im Grundgesetz steht. Und zwar steht dieser Begriff da nicht einfach so rum, gleichsam zufällig und eher unabsichtlich, sondern nimmt zentralen Raum ein. In der Präambel und in Artikel 1 wird ›das deutsche Volk‹ als Urheber und Träger des Grundgesetzes bezeichnet, in Artikel 20 wird seine entscheidende Rolle definiert: »Alle Staatsgewalt geht vom Volke aus.«

Sogar das traditionelle Dativ-e ist erhalten. Und schließlich: Deutsche Gerichte – vom Amtsgericht bis zum Bundesverfassungsgericht und zum Bundesgerichtshof – urteilen ›im Namen des Volkes‹. Und nicht eines Kaisers, Königs, Fürsten oder Gottes. Kann ein Begriff mit einer derart zentralen demokratischen Bedeutung als ›kontaminiert‹ gelten? Es sind schon merkwürdige Diskussionen, die hierzulande geführt werden.

Das mag auch daran liegen, dass politische Sprache und allgemeiner Sprachgebrauch verwechselt werden. So heißt es in einer politikwissenschaftlichen Studie zutreffend, dass Politiker in Parlamentsreden und anderen öffentlichen Auftritten statt von ›Volk‹ lieber von ›Mitbürgerinnen und Mitbürgern‹ oder von ›Menschen draußen im Lande‹ oder von der ›Bevölkerung‹ reden, weil der Begriff Volk ›historisch belastet‹ sei.[5] Schon diese Begründung scheint mir für die Gegenwart kaum belegbar – die Studie beschäftigt sich mit dem Volksbegriff von 1917 bis 1924. Erst recht aber steht die Verallgemeinerung auf wackligen Füßen: »Der Volksbegriff ist somit in Verruf geraten und wird heute weitgehend vermieden.«[6] Ein schlichter Satz aus einem *Wikipedia*-Eintrag scheint mir hier zutreffender: »Trotz der missbräuchlichen Verwendung im Nationalsozialismus hat sich der Begriff in der politischen Sprache erhalten.«[7]

Das Wort ›heute‹ im ursprünglichen Zitat bezieht sich auf das Erscheinungsjahr der Dissertation 2013 und ist in der Neuauflage 2016 nicht getilgt worden. Spätestens dann hatte sich aber aufgrund der Bemühungen rechter Kräfte, den Volksbegriff zu re-ideologisieren, und den entsprechenden Reaktionen aus anderen Lagern bereits eine muntere Diskussion darüber entfaltet, was denn ›das Volk‹ sei. Von Vermeidung keine Spur. Vielmehr ist es doch so, dass in der alltagssprachlichen Verwendung kaum Probleme bestehen, sondern nur dann, wenn mit ›Volk‹ Geltungsanspruch, Bekenntnisdruck und Abgrenzungsabsicht verbunden sind. Also stets dann, wenn politisch-ideologisch gesprochen wird.

Möglicherweise kommt es zu dem Durcheinander im Denken und Sprechen durch die bemerkenswerte Vielfalt der Volksbegriffe[8]. Es versteht sich, dass die Bücher, Studien, Dissertationen, Habilitationsschriften zu diesem Themenbereich so manche Bibliotheks-Abteilung füllen. Der Eintrag zum Stichwort ›Volk, Nation‹ im Lexikon *Geschichtliche Grundbegriffe* umfasst allein 290 Seiten. Wir wollen es ein wenig kürzer machen.

Im Wesentlichen arbeiten wir mit vier Definitionen von ›Volk‹:

- Gemeinschaft von Menschen gleicher Abstammung, Sprache und Kultur – Volk als ›ethnos‹. Zu unterscheiden von der …
- Gesamtheit der Staatsbürger eines Landes – Volk als ›demos‹. (Ein Beispiel: Nicht alle Staatsbürger Frankreichs sind Franzosen, genauso wenig wie alle Franzosen Einwohner Frankreichs sind.)
- (Größere) Ansammlung von Menschen. (Im Sinne der Ausdrücke: ›viel Volk‹, ›sich unters Volk mischen‹ etc.)
- Einfache Leute, ›breite Masse‹ der Bevölkerung

›Volk‹ kann von alters her alles heißen: Gottesvolk oder Kirchenvolk sind alle, auch die hohe Geistlichkeit und die weltlichen Herrscher. Der Begriff ›Volk‹ im Sinne von ›Menge, Masse‹ ist schon in der Antike geläufig, er wird immer dann verwendet, wenn es darum geht, wie ›das Volk‹ zu regieren und zu kontrollieren sei. Von Menge und Masse ist auch im Zusammenhang mit Hungersnöten, Epidemien, Flutkatastrophen und dergleichen die Rede. Dabei schwingt natürlich immer das

Verständnis von Volk als Unterschicht mit, wobei das nicht zwingend negativ gemeint ist, weder in der Antike noch im lateinischen Mittelalter.

Zur Unterschicht gehören die einfachen Leute. Das sind alle Nicht-Adligen, alle, die nicht Latein sprechen, und alle Zivilisten. Aber auch Adlige, die des Lateinischen nicht mächtig sind, zählen zu den einfachen Leuten.[9] Im Deutschen hatte ›volc‹ (neben der theologischen) zunächst militärische Bedeutung: »Die älteste bedeutung ist geschlossene abtheilung von kriegern, heerhaufe«, heißt es im Wörterbuch der Brüder Grimm. Im Begriff ›Fußvolk‹ lebt diese alte Bedeutung fort. Volk kann traditionell aber auch eine Gefolgschaft im bäuerlichen und bürgerlichen Bereich bezeichnen, kann also auch im Sinne von ›Gesinde‹ und ›Belegschaft‹ verwendet werden.

Im Alltagssprachgebrauch bezeichnet ›Volk‹ in aller Regel ganz allgemein ›Leute‹, meistens einfache Leute ohne herausgehobene Stellung in der Gesellschaft. In Begriffen wie ›Landvolk‹, ›Bergvolk‹ und ›Inselvolk‹ wird das deutlich. Wir kennen Volksmund, Volksmusik, Volkslied, Volksfest, Volksschule, Volkssport, Volkstanz, Volkshochschule und Volksvertreter. Und immer ist die Mehrheit der Bevölkerung gemeint im Unterschied zu einer Minderheit der Reichen, der Prominenten, der Stars, der Wirtschaftsführer, der Regierenden. Der Unterschied zwischen höheren und tieferen gesellschaftlichen Schichten ist im Begriff ›Volk‹ also stets mitkomponiert.

Das ist unter anderem deshalb bemerkenswert, weil die geschichtlichen Ursprünge des Begriffs das genaue Gegenteil bezeichnen: Sowohl der griechische ›demos‹ als auch der römische ›populus‹ (oder die ›civitas‹) bezeichnen eine bürgerliche Elite, die über sich und die Unterschichten herrscht.[10] Ähnliches gilt auch für die Feudalsysteme des Mittelalters und der frühen Neuzeit.

Dieses Verhältnis von oben und unten hat sich im Laufe der Zeiten allmählich umgekehrt. »Dasselbe oder das strukturell analog verwendete Wort konnte also über die Zeiten hinweg sachlich einander ausschließende Bestimmungen von oben nach unten oder von unten nach oben festschreiben.«[11] Die militärische und theologische Bedeutung des Volksbegriffs geht im 17. und 18. Jahrhundert allmählich verloren. Im berühmten Wörterbuch von Johann Christoph Adelung aus dem Jahre 1780 heißt es, dass ›Volk‹ als Sozialbegriff eher die niederen Klassen betrifft. Auch dies muss nicht unbedingt negativ gemeint sein. Wenn Lessing sagt: »Der Landmann, der Bürger, der Soldat und alle die niedrigen Stände, die wir Volk nennen«,[12] dann ist das eher eine Beschreibung als ein Werturteil. Was selbstverständlich nicht heißt, dass es keinen Standesdünkel gibt. Der junge Goethe schreibt 1774: »Leute von einigem Stande werden sich immer in kalter Entfernung vom gemeinen Volke halten.«[13] Goethe kritisiert diese Haltung.

Aber spätestens mit der französischen Revolution ist der Wandel vollzogen: ›Volk‹ bezeichnet alle Teile der Bevölkerung und soll, darin wird er zum politischen Kampfbegriff, »alle Stände oder Klassen, die Regierenden und die Regierten«[14] einschließen. Volk ist zu einem umfassend ›demokratisierten‹ Begriff geworden.

Mythos ›Deutsches Volk‹

Freilich: Deutschland ist nicht Frankreich, und wer französische Verhältnisse auf Deutschland übertragen will, muss von einem ›deutschen Volk‹ reden können, zumindest einen Begriff davon haben. Damit hat es so seine Schwierigkeiten. In der ersten Hälfte des 19. Jahrhunderts gab es kein ›Deutschland‹. Es gab Fürstentümer – die von deutschen Demokraten wie Friedrich Ludwig Jahn beklagte ›Kleinstaaterei‹ –, aber keinen Nationalstaat. Also woher nehmen? Man hätte zum Beispiel einen Mythos erfinden können, aber das mussten die Demokraten dieser Zeit gar nicht: Es gab ihn nämlich schon.

Der Mythos vom ›deutschen Volk‹ besagt, dass es bis aufs Altertum zurückgehende Nationen gibt, dass zum Beispiel die Franzosen direkt von den Galliern und die Deutschen direkt von den Germanen abstammten. Diesem Mythos verhalfen die Humanisten im 15. Jahrhundert zum Durchbruch. Im Jahr 1455 war ein lateinisches Manuskript, das über Jahrhunderte im Kloster Hersfeld gelegen hatte, wiederentdeckt worden: *De origine et situ Germanorum* des römischen Historikers Cornelius Tacitus, kurz *Germania* genannt, entstanden im ersten Jahrhundert nach Christus. Diese Schrift diente deutschen Humanisten als Dokument deutscher ›Urgeschichte‹.

Bei Tacitus sind die Germanen zwar rohe Barbaren, aber doch – im Unterschied zum Sittenverfall der Römer – von hoher Sittlichkeit. Ein reines, unvermischtes Volk, das weder Geldgeschäfte noch Lug und Trug kennt, Ehrlichkeit und Treue über alles liebt und sich ständig im Kampfe übt. Für einige deutsche Humanisten – Ulrich von Hutten, Sebastian Brant, Conrad Celtis, Jakob Wimpfeling und andere – lag darin der Beweis dafür, dass auch die Deutschen eine große, welthistorisch bedeutende Vergangenheit hatten. »Durch die in den Schriften dieser Autoren vorgenommene Gleichsetzung des ›Germanischen‹ mit dem ›Deutschen‹ erhielten die Bewohner des Heiligen Römischen Reichs erstmals eine deutsche, ja eine tausend- bis zweitausendjährige deutsche Geschichte und zugleich eine ins Ewige erhobene Vorstellung ihres eigenen Wesens.«[15] Auch Julius Cäsars schlichte Einteilung der Gebiete rechts und links des Rheins in Germanien und Gallien in *De bello Gallico* trug zum Fehlschluss bei, die Germanen seien mit den Deutschen und die Gallier mit den Franzosen identisch.

»Die Wiederentdeckung der *Germania* des Tacitus veranlasst die deutschen Humanisten zur Behauptung einer Identität von Germanen und Deutschen – eine das geschichtliche Selbstbewusstsein enorm stärkende Behauptung, die der deutschen Nation in den Augen der europäischen Gelehrtenwelt einen Zuwachs an historischer Dignität verschaffen und zugleich der Steigerung des politischen Ansehens von Kaiser und Reich nach innen und außen dienen soll.«[16] Damit wird ein früher Patriotismus begründet, auf den immer wieder zurückgegriffen werden kann.

Allerdings dauert die Konjunktur des deutschen Nationalbewusstseins nicht lange: Reformation und Gegenreformation, schließlich der Dreißigjährige Krieg lassen das Reden von einer deutschen Nation zu reiner Traumtänzerei werden. Der Westfälische Friede von 1648 schreibt den Dualismus von Reich und Einzelstaaten schließlich fest.

Zwar wird auch weiter über Deutschland, die Deutschen und das Deutsche gesprochen, aber eher auf Sprache und Kultur bezogen, nicht auf die politische und verfassungsrechtliche Realität. ›Deutsch‹ (althochdeutsch ›diutisc‹, bedeutet ›zum Volk gehörig‹) war ohnehin über Jahrhunderte rein sprachlich zu verstehen, ein Sammelbegriff für die Dialekte, die im westgermanischen Raum gesprochen wurden: Fränkisch, Bairisch, Alemannisch, Thüringisch. Erst seit dem 10. und 11. Jahrhundert ist dann vereinzelt von deutschen Landen und deutschen Menschen die Rede. Daraus ein frühes Nationalbewusstsein abzuleiten, blieb den Humanisten des 15. Jahrhunderts vorbehalten.

Erst die historische Philologie des 18. und zentral die des 19. Jahrhunderts nimmt dieses ahistorische Wunschdenken auf, als handele es sich um geschichtlich gesicherte Fakten.[17] Vor allem in der Romantik, also Ende des 18. Jahrhunderts, gewinnt die Auffassung an Einfluss, »Völker und Nationen seien gewissermaßen vorgegebene, konstante Einheiten, die sich pflanzenmäßig aus ihrem Keim heraus entwickelten«.[18] In der Zeit nach der französischen Revolution, in der ›das Volk‹ über den Adel und den Klerus gesiegt hatte, wird gerne auf eine Tradition zurückgegriffen, die eine durchgehende ›Geschichte des deutschen Volkes‹ von ›den‹ Germanen bis zur Jetztzeit erzählt. Erst hier wird der Begriff ›deutsches Volk‹ geprägt – in Analogie zu ›peuple français‹.

Sehr zur Verwunderung mancher Zeitgenossen. Christoph Martin Wieland hatte schon 1792 angemerkt: »Wer das deutsche Reich aufmerksam durchwandert, lernt zwar nach und nach Österreicher, Brandenburger, Sachsen, Pfälzer, Bayern, Hessen, Württemberger usw. … aber keine Deutschen kennen, und sucht im ganzen Deutschen Reiche vergebens dieses Germanien, dessen König der erwählte Kaiser ist.«[19] Der Sprachforscher und Verleger Joachim Heinrich Campe definiert Volk in seinem *Wörterbuch der deutschen Sprache* so: »Ein aus vielen Menschen, welche unter derselben Regierung und in einerlei Staatsverfassung leben und gewöhnlich auch eine und dieselbe Sprache reden, bestehendes Ganzes.«[20] Er setzt also eine staatsrechtliche Einheit voraus, ein sozial, sprachlich und ethnisch heterogenes Ganzes. Und Campe sieht, dass es genau das in Deutschland (noch) nicht gibt: »Man spricht und lieset vielfach von dem britischen, französischen, schwedischen, spanischen etc. Volk. Nur an einem deutschen Volke hat es leider gefehlt, und man muss hoffen, dass eins aus den Trümmern des deutschen Reichs entstehen werde.«[21]

Der Dichter Friedrich Rückert fand die Deutschtümelei mancher seiner Zeitgenossen eher lächerlich: »Neulich deutschten auf deutsch vier deutsche Deutschlinge deutschend, sich überdeutschend am Deutsch, welcher der deutscheste sei.« So fängt Rückerts Gedicht *Grammatische Deutschheit* aus dem Jahr 1819 an, und so geht es weiter: »Jetzt wettdeutschten sie, deutschend in grammatikalischer Deutschheit, deutscheren Komparativ, deutschtesten Superlativ. Ich bin deutscher als deutsch. Ich deutscherer. Deutschester bin ich.« Die Sache geht nicht gut aus: »Drauf durch Komparativ und Superlativ fortdeutschend, deutschten sie auf bis zum – Deutschesteresteresten. Bis sie vor komparativisch und superlativischer Deutschung den Positiv von deutsch hatten vergessen zuletzt.«[22]

Jahrzehnte später schreibt der Germanist und Mundartforscher Johann Andreas Schmeller: »Im Jahr 1848 war auch von einem Volk der Deutschen viel die Rede – neue Redensart in einem Lande, wo es seit fast tausend Jahren nur Herrschaften, Grafschafften, Fürsten-, Herzog-, Erzherzog-, Churfürstenthümer, Königreiche gegeben.«[23] Und Christian Dietrich Grabbe lässt in seinem Drama *Die Hermannsschlacht* die Krieger des Cheruskerführers Hermann, als der auf dem Höhepunkt der Schlacht »Deutschland« ruft, sagen: »*Einige:* Er spricht oft davon. Wo liegt das Deutschland eigentlich? *Einer:* Bei Engern, wie ich glaube, oder irgendwo im kölnischen Sauerlande. *Zweiter:* Ach was, es ist chattisches Gebiet! *Hermann:* Und kennst du deinen Namen nicht, mein Volk? *Stimmen:* Oh, ja Herr – wir sind Marsen, Cherusker wir – wir Brukterer, Tenkterer.«[24]

Das Bewusstsein, dass von Deutschland und einem deutschen Volk nicht gesprochen werden konnte, war also vorhanden. Vielmehr resultierte aus der Forderung oder dem Wunsch nach der Einheit des deutschen Volks die Konstruktion eines vermeintlichen Urvolks – natürlich mit den famosesten Eigenschaften ausgestattet –, das es so nie gegeben hat. Die historischen Quellen nennen verschiedene Völker auf

›deutschem‹ Gebiet: Franken, Alemannen, Sachsen, Bayern, Thüringer, Friesen. Kein Gedanke an, kein Bewusstsein von, keine Sehnsucht nach einer ›deutschen Nation‹. Historiker des 19. Jahrhunderts, die an der deutschen Nationallegende strickten, definierten diese Völker zu ›Stämmen‹ um, denen das deutsche Volk – als Idee, als Wunsch, als gelebte Idealität – angeblich zugrunde lag. Natürlich sah man die begriffliche Schwierigkeit, aus der man sich mit dem Wort ›Volkstum‹ zu retten versuchte.

Der Begriff ›volkstümlich‹ war unter den Aufklärern des 18. Jahrhunderts verbreitet, er sollte die Kultur des Volkes im Gegensatz zu den Gepflogenheiten der gebildeten Stände bezeichnen. Das Hauptwort ›Volkstum‹ hatte Friedrich Ludwig Jahn in seiner Schrift *Deutsches Volksthum* von 1810 popularisiert. Er kritisiert den Gebrauch der Wörter ›Nation‹ und ›Nationalität‹ und schlägt deutsche Begriffe vor: »Hier wird von *Volk* gleich *Volksthum* gebildet, von diesem kommen wir auf dem natürlichsten Wege zu *volksthümlich* und dann auf *Volksthümlichkeit*.«[25] Er bezeichnet Volkstum als ›Einungskraft‹, als das »Gemeinsame des Volks, sein inwohnendes Wesen, sein Regen und Leben, seine Wiedererzeugungskraft, seine Fortpflanzungsfähigkeit. Dadurch waltet in allen Volksgliedern ein *volksthümliches* Denken und Fühlen, Lieben und Hassen, Frohsein und Trauern, Leiden und Handeln, Entbehren und Genießen, Hoffen und Sehnen, Ahnen und Glauben.«[26] Und in Anspielung auf die historischen Vorformen des Wortes ›deutsch‹ (›diutisc‹ oder ›theodisk‹ = ›zum Volk gehörig‹) dekretiert er: »Namen und Sache war sonst Eins bei unsern Vorfahren. Deutsch heißt volksthümlich.«[27] Dadurch bekam das, was das imaginierte deutsche Volk und seine jahrtausendalte Geschichte vermeintlich ausmacht, einen Namen.

Volk und Nation

Die meisten deutschen Demokraten des Vormärz, also der Epoche vor der Märzrevolution in den Jahren 1848 und 1849, kommen allerdings auch ohne den Rückgriff auf ein mythisches Ur-Deutschland aus. In deren Volksbegriff sind nämlich alle eingeschlossen, die in dem Land leben, das erst noch zu schaffen wäre: Deutschland. Es ist die Vorstellung einer Gemeinschaft aller Bewohner eines Landes, die politisch und rechtlich gleichgestellt sind. Natürlich hat ein solcher Begriff auch etwas Ausschließendes an sich: Franzosen sind nicht gemeint, Engländer auch nicht, genauso wenig wie Italiener oder Spanier. Aber das exklusive Element gibt nicht den Ausschlag: Es geht um Vereinnahmung, Sammlung.

Der Begriff Volk, der um 1800 zu einem Grundbegriff der deutschen Sprache wird, ist in diesem Sinne ein Zukunftsbegriff der demokratischen Bewegung, die aus deutscher Sicht in Frankreich schon vollzogen war. »Noch gestern wart ihr nur ein Haufen; ein Volk, o Brüder seid ihr heut!« – dieser Satz aus dem Gedicht *An das junge Frankreich* von Victor Hugo gerät für den deutschen Vormärz-Dichter Ferdinand Freiligrath zum symbolischen Appell.[28]

Der Verweis auf Frankreich ist bedeutend: Die französische ›nation‹ war für deutsche Demokraten ein, wenn auch zwiespältiges, Vorbild. »›Volk‹ wird gleichsam ein spezifisch deutscher Kompensationsbegriff, der einlösen sollte, was der französische Nachbar mit ›nation‹ nicht nur auf den Begriff gebracht hatte, sondern auch verwirklicht zu haben schien. Der im Deutschtum vagierende Wortwechsel zwischen ›Volk‹ und ›Nation‹ zeugt deshalb von strukturellen Gemeinsamkeiten mit den Nachbarn wie auch vom Willen, sich als ›deutsches Volk‹ spezifisch auszuweisen und abzugrenzen.«[29] Die Abgrenzung war dabei auch als Überbietung gemeint. »Allenfalls diente die französische Nation als kritisiertes Vorbild, das – in besserer Weise – einzuholen sei.«[30]

Auch heute noch werden in Wissenschaft, Politik, Publizistik, teilweise auch im alltäglichen Sprachgebrauch ›Volk‹ und ›Nation‹ häufig synonym gebraucht. Das ist zum einen sprachhistorisch zu erklären: Das lateinische ›natio‹ ist abgeleitet von ›nasci‹ – ›geboren werden‹. Es bedeutet ›Geburt‹, ›Geschlecht‹, ›Stamm‹, ›Sippschaft‹ und ›Volk‹. Es geht also zunächst um die Bevölkerung einer Stadt oder einer Region, die durch Geburt oder Abstammung zu einer Gemeinschaft wird oder sich als solche fühlt. Die Nähe zum Volksbegriff ist evident.

Ursprünglich ist ›Nation‹ aber kein politisch besetzter Begriff. Die seit dem 13. und 14. Jahrhundert aus ›aller Herren Länder‹ zu den Universitäten reisenden Studenten wurden genauso nach ›nationes‹ eingeteilt wie die Vertreter auf den Konzilien. Dabei wird ›natio‹ nicht auf die Geburtsregion bezogen, sondern auf die Sprache.

Von daher wird ›Nation‹ lange Zeit als sprachliche und kulturelle Gemeinschaft verstanden, erst sehr spät auch in Ansätzen als politische. Als genuin politischer Begriff gewinnt Nation dann vor allem in der und durch die Französische Revolution an Bedeutung – er wird zum Kampfbegriff gegen die ständische Ordnung des Feudalsystems. Die Nation führt alle in einer großen Gemeinschaft zusammen.[31] Diese revolutionäre Wendung hatte auch Auswirkungen auf Deutschland: »›Volk‹ und ›Nation‹ avancierten auch in Deutschland zu Schlüsselbegriffen der politisch-sozialen Sprache, die den Fluchtpunkt und die Sinnmitte dessen bezeichnen, was heute ›politische Deutungskultur‹ genannt wird.«[32]

Wo ›Nation‹ ursprünglich als vorstaatlich gedacht ist, da Geburt und Herkunft mit staatlicher Organisation zunächst nichts zu tun haben, bezeichnet ›Volk‹ die organisatorische Zusammenführung. Die Begriffe gehen in den Debatten und Theoriebildungen seit dem späten 18. Jahrhundert aber munter durcheinander. Mal wird der eine, mal der andere Begriff vorstaatlich gedacht.

Freilich war es zunächst der kulturhistorische Bereich, in dem die Debatte um ›Volk‹ und ›Nation‹ in Deutschland geführt wurde. Und es war Johann Gottfried Herder, der diese Debatte entscheidend prägte. Herder verwendet ›Volk‹ und ›Nation‹ synonym, ›Volk‹ ist nicht mehr, wie vorher üblich, eine Gruppe »inner- oder unterhalb der Nation, sondern die Nation selbst«.[33] Um die Eigenarten von Nationen oder Völkern zu verstehen – Herder spricht von den ›Seelen der Völker‹ –, muss man nach seiner Meinung vor allen Dingen ihre Sprache und Poesie verstehen: »Wer in derselben Sprache erzogen ward, wer sein Herz in die schütten, seine Seele in ihr ausdrücken lernte, der gehört zum Volk dieser Sprache«, schreibt Herder 1795.[34]

Das Entscheidende daran: Die Unterschiedlichkeit der Sprachen und Kulturen macht für Herder – darin folgen ihm die meisten Romantiker – den *Reichtum* der Völker aus. Jedes Volk ist darin für sich wertvoll, und andere Völker haben Teil an diesem Reichtum durch wechselseitige Einflüsse und auch Durchmischungen. Zwar hält Herder einen gewissen nationalen Eigensinn für nützlich, denn jedes Volk sollte »sein Gepräge, seinen Charakter« behalten, aber: »Völker sollen nebeneinander, nicht durch- und übereinander drückend wohnen.«[35]

Dass Völker und Nationen gegeneinander ausgespielt werden oder gar aufeinander einschlagen (»Vaterländer gegen Vaterländer im Blutkampf«), hält er »für den ärgsten Barbarismus der menschlichen Sprache.« Für Nationalismus im heutigen Sinne kann Herder also nicht in Haftung genommen werden.

»Hat die Erde nicht für uns alle Raum? Liegt ein Land nicht ruhig neben dem andern? Kabinette mögen einander betrügen; politische Maschinen mögen gegeneinander gerückt werden, bis eine die andere zersprengt. Nicht so rücken Vaterländer gegeneinander; sie liegen ruhig nebeneinander und stehen sich als Familien bei.«[36] Dass Herder hier keine politische Realität beschreibt, sondern seine Idealvorstellung von Volk und Nation, liegt auf der Hand.

Die Realitäten sorgen ohnehin dafür, dass die Karriere der Begriffe ›Volk‹ und ›Nation‹ im revolutionär gemeinten oder zumindest so interpretierbaren Sinn in Deutschland nicht auf Mehrheiten setzen kann. Die Parteinahme deutscher Politiker, Dichter und Denker für die Französische Revolution war nicht ungeteilt, und je mehr die politischen und gesellschaftlichen Umwälzungen im Gefolge der Revolution auf ganz Europa übergriffen, um so skeptischer wurden manche Zeitgenossen: »Wo rohe Kräfte sinnlos walten, da kann sich kein Gebild gestalten. Wenn sich die Völker selbst befrein, da kann die Wohlfahrt nicht gedeihn.«[37]

Die Leitfigur vieler Gelehrter und Intellektueller war nicht der Revolutionär, sondern eher der Reformer, ein Mann des gehobenen Bürgertums oder des niederen Adels, der bei Hofe Einfluss auf den Fürsten gewinnt und diesen von einem aufgeklärten, bürgerfreundlichen Regiment überzeugt.

Daneben gab es allerdings auch radikaldemokratisch gesinnte Schichten, die sich seit 1750 immer stärker artikulierten. Ihr Ziel war eine nationale Erhebung von unten, ein Volksaufstand mit dem Ziel der Volkssouveränität – also genau dem, was 1789 in Frankreich gelang. Diese Bewegung trat im Interesse der kleinen Leute auf, der Handwerker, Bauern und Dienstboten. Sie setzten nicht auf die landesväterliche Güte der einzelnen Regenten im kleinstaatlichen Deutschland, sondern auf eine Nation, die ein Gemeinwesen für die Mehrheit des Volkes sein sollte.

Vor allem auch, weil von der Fortsetzung der Kleinstaaterei nur die Fortsetzung des Absolutismus – mochte er noch so ›aufgeklärt‹ sein – erwartet wurde und nur eine Nation mit ›Gemeinverfassung‹ für Abhilfe sorgen könnte. Weil der französische Absolutismus als besonders extrem erlebt wurde und außerdem die deutsche, geziert Französisch sprechende, Aristokratie infiziert hatte, gab es auch bei den Demokraten antifranzösische Töne.

Insgesamt aber sahen nach 1789 auch die deutschen Patrioten und Demokraten die Zeit für eine ›levé en masse‹ gekommen. Leidenschaftliche Aufrufe wurden verfasst, sich als ›Nation‹ zu fühlen und die Fürsten zum Teufel zu jagen. Ihr Ziel war eine deutsche Republik, in der sich »auch der gemeine ›Landmann‹ und der gemeine ›Handwerksmann‹ mit ihrem Staat identifizieren können«.[38]

Die Befreiungskriege gegen Napoleon brachten für den Nationalgedanken einen kräftigen Aufschwung, wenn auch unterschiedliche Vorstellungen davon, wie denn eine deutsche Nation nach dem Sieg aussehen sollte: ein zentralistisches Reich, eine föderale Ordnung, eine ständische Ordnung mit starken Fürsten oder etwas anderes? Für einflussreiche Intellektuelle wie Hegel, Goethe und Wieland galt Napoleon einerseits nach wie vor als Mann des Fortschritts, der auch Deutschland nicht nur Besatzung und Unterdrückung, sondern auch Freiheit und staatliche Ordnung beschert hatte. Bei den kämpferischen Demokraten dagegen war er als Despot verschrien. Er hatte sich 1804 selbst zum Kaiser gekrönt und setzte seine Verwandten als Fürsten der eroberten Gebiete ein, sodass nach dem Sieg über Preußen 1806 kaum noch etwas von der früheren Begeisterung für die Französische Revolution übrig blieb. Die Folge war »eine gewisse Verengung der demokratisch-patriotischen Ideologie ins Deutsch-Nationale«.[39]

Was allerdings nicht bedeutet, dass die demokratische Bewegung nun insgesamt nationalistisch-reaktionär geworden wäre. Selbst Johann Gottlieb Fichte, der in seinen *Reden an die deutsche Nation* die Wiederherstellung des reinen, unvermischten Germanentums mit seinem naturwüchsigen Hang zur Freiheit forderte, hatte immer noch ein republikanisches Gemeinwesen im Sinn, er war immer noch Anhänger der Aufklärung und der Französischen Revolution. Die antinapoleonische Unabhängigkeitsbewegung, für Friedrich Engels die wichtigste Massenbewegung in Deutschland seit den Bauernkriegen, wollte im Kern einen »durchgreifend reformierten und mit allen bürgerlichen Freiheiten ausgestatteten deutschen Einheitsstaat«.[40]

Das Besondere an den Erfolgen Napoleons vor allem gegen die Preußen war – neben der Überlegenheit des Militärs – die Tatsache, dass in der französischen Armee ein kollektives Bewusstsein herrschte: ein Nationalbewusstsein.[41] Und weil man der französischen Nation keine deutsche entgegenstellen konnte, musste die deutsche Nation, das deutsche Volk propagandistisch beschworen werden.[42] Das ging bei einigen Autoren mit handfestem Hass gegen alles Ausländische, vor allem gegen die Franzosen, einher: »Ich will den Hass gegen die Franzosen, nicht bloß für diesen Krieg, ich will ihn für lange Zeit, ich will ihn für immer«, schreibt Ernst Moritz Arndt. »Dann werden Teutschlands Grenzen auch ohne künstliche Wehren sicher sein, denn das Volk wird immer einen Vereinigungspunkt haben, sobald die unruhigen und räuberischen Nachbarn darüber laufen wollen.«[43]

Begleitet wird dieser Hass auf alles Fremde bei Arndt und einigen anderen Autoren von einem aggressiven Antisemitismus, der sich wie selbstverständlich an den Fremdenhass anschmiegt: »Die Juden als Juden passen nicht in diese Welt, und darum will ich nicht, dass sie auf eine ungebührliche Weise in Deutschland vermehrt werden …, weil ich den germanischen Stamm so sehr als möglich von fremdartigen Bestandteilen rein zu erhalten wünsche.«[44] Ein klassisches Beispiel für den Vorgang, dass die tatsächliche oder konstruierte Bedrohung durch einen äußeren oder inneren Feind das Gefühl von Zusammengehörigkeit erst möglich macht oder machen soll. Die Unsicherheit der Nationalisten darüber, was denn das deutsche Volk, die deutsche Nation sei, führen zu Fremdenhass, zu Antisemitismus. Und eben zum Rückgriff auf die Konstruktion eines vermeintlich ursprünglichen ›deutschen Volkes‹, dessen Selbstbewusstsein nur Jahrhunderte geschlummert habe und das nun endlich geweckt werden müsse.

Ob nun liberale, demokratische oder nationalistisch-reaktionäre Strömungen – die Befreiungskriege waren von einem flammenden Patriotismus gekennzeichnet, der mit Verve ein einiges Deutschland forderte, ein deutsches Reich. Der Wiener Kongress und Metternich machten einen Strich durch alle Rechnungen. Sein Ergebnis war der Deutsche Bund mit 39 Einzelstaaten. Den Verfechtern des Nationalgedankens blieb nur die Opposition.

Deren Haltung wurde im Laufe der Zeit immer nationalistischer. Zwar waren die demokratischen Bewegungen bis in die Dreißigerjahre des 19. Jahrhunderts immer noch vom Gedanken der internationalen Solidarität geprägt, man begeisterte sich zum Beispiel für den Freiheitskampf der Griechen und der Polen, aber bereits auf dem Hambacher Fest 1832 wird deutlich, dass der liberale Nationalismus von Solidarität nichts mehr wissen will. Frankreich ist wieder der erklärte Feind, aber auch in der Debatte über die Teilung Posens, das 1815 Preußen zugeschlagen worden war, zeigt sich ein zunehmend aggressiver Nationalismus, der dann 1848 im Paulskirchen-Parlament in einer Rede des liberalen Abgeordneten Wilhelm Jordan unverstellt zum Ausdruck kommt: »Es ist hohe Zeit, uns endlich einmal aus jener träumerischen Selbstvergessenheit, in der wir schwärmten für alle möglichen Nationalitäten, während wir selbst in schmachvoller Unfreiheit darniederlagen und von aller Welt mit Füßen getreten wurden, zu erwachen zu einem gesunden *Volksegoismus*, um das Wort einmal gerade herauszusagen, welcher die Wohlfahrt und Ehre des Vaterlandes in allen Fragen obenan stellt.«[45]

Die Versammlung beschließt am Ende mit überwältigender Mehrheit die Teilung Posens und die Aufnahme der von Preußen okkupierten Gebiete in den Deutschen Bund. Während der Frankfurter Nationalversammlung hatte sich ein liberales Grundverständnis herausgebildet, das von Volkssouveränität nichts mehr wissen wollte. Volk bedeutete für die Liberalen: »Der gebildete und besitzende Mittelstand als der staatstragende Kern eines berufsständisch gegliederten Volkes, die gleichartige Volksmasse als Pöbel, der die geistige Kultur und die Eigentumsordnung bedrohte, schließlich der über dem Volke stehende Staat als notwendige Schutzeinrichtung gegen Umsturz und Revolution.«[46]

Nationalismus und Kaiserreich

Die Nation, das hatten wir gesehen, ist ursprünglich ein linkes Projekt für ein einiges, demokratisches Deutschland, das die Ideale der Französischen Revolution verwirklicht: Freiheit, Gleichheit, Brüderlichkeit. Spätestens in der zweiten Hälfte des 19. Jahrhunderts entwickelt sich dieses Projekt aber immer mehr nach rechts. Es geht um einen tiefgreifenden Funktionswandel des Nationalismus »von einer Emanzipations- und Oppositionsideologie zu einem gouvernemental gehandhabten Disziplinierungs- und Sammlungskonzept.«[47] ›Nationalismus‹, ein zunächst wissenschaftlich neutraler Begriff, wird in der politischen Praxis zusehends negativ besetzt. Aus Nationalgefühl, also dem Gefühl, zu einer Gemeinschaft zu gehören oder gehören zu wollen, wird schnell ein radikal selbstbezogenes und aggressives Zerrbild: Die eigene Nation definiert sich durch die Ablehnung und Feindschaft zu den anderen. Der Kampf gegen andere Nationen konstituiert erst die Wertigkeit der eigenen. Spätestens ab da verkommt der Nationalismus von einem Gefühl der Zusammengehörigkeit, der Verbundenheit, »mit dem sich die Untertanen gegen die Obrigkeit durchzusetzen versuchen« zu einem Nationalismus, »der die Unteren lediglich vor den Karren der Oberen spannt«.[48]

Gegen diese Entwicklung gibt es schon früh kritische Stimmen. Franz Grillparzer schrieb 1849:

> Der Weg der neuern Bildung geht
> Von Humanität
> Durch Nationalität
> Zur Bestialität.[49]

Und siebzig Jahre später Hugo von Hofmannsthal in einem Brief an Richard Beer-Hofmann: »Mir flössen nun diese rätselhaften Entitäten, die Nationen, ein solches Grauen ein, dass jedes harmlose Wort, das auf die Nation reflektiert, mich krank macht.«[50] Die Vertreter dieses Nationalismus sind sich einig darin, dass ihre erste und vornehmste Aufgabe darin besteht, Feinde zu bekämpfen. Die Feinde im Inneren, das sind Demokraten und Republikaner; die Feinde im Ausland, das sind Franzosen und Engländer, wie es gerade kommt.

»Der Vater dieses Nationalismus ist der Krieg«,[51] proklamierte Ernst Jünger im Vorwort zur Schrift *Der Aufmarsch des Nationalismus* seines Bruders Friedrich Georg, und dieser erklärt: »Der Nationalismus ist geboren aus einem neuen Bewusstsein blutmäßiger Gemeinschaft; er will das Blut zur Herrschaft bringen.«[52] Es versteht sich von selbst, dass damit das ›deutsche‹ Blut gemeint ist. »Das Leben … ist vor allem blutmäßig, das heißt Bestandteil einer Gemeinschaft des Blutes, an deren Lebenskern es teilnimmt. … Erst dadurch, dass es blutmäßig ist, ist es auch geistmäßig, das heißt Bestandteil einer Gemeinschaft des Geistes, die aus dem Lebenswillen der Blutgemeinschaft erwächst.«[53]

Die Wurzel dieses bis weit ins 20. Jahrhundert und darüber hinaus wirksamen Nationalismus ist das Deutsche Reich, das 1871 Wirklichkeit wird. Aber leider nicht so, wie Liberale und Demokraten sich das ausgangs des 18. und anfangs des 19. Jahrhunderts erträumt hatten: »Das zweite Reich, das damit ins Leben gerufen wurde, war weder die von den deutschen Jakobinern, Befreiungskriegern und Burschenschaftlern noch die von den Vormärzlern und Achtundvierzigern erträumte deutsche demokratische Republik.«[54] Das Bismarck-Reich ist nichts weiter als ein dem deutschen Volk übergestülpter kleindeutscher Nationalstaat, eine Art ›Großpreußen‹: »Es umfasste weder alle Wohngebiete der Deutschen in Mitteleuropa noch den historischen Raum der einst zum Römischen Reich Deutscher Nation und zum Deutschen Bund von 1815 gehörenden Länder.«[55] Außerdem waren Teilgebiete von Nationalitäten eingeschlossen, die eindeutig nicht deutsch waren, wie Dänemark, Polen, das Elsass und Lothringen.

So mancher ehemalige Freiheitskämpfer ließ sich trotzdem vom Reichsgedanken einlullen. Einige wurden zu begeisterten Anhängern des Kaiserreiches. Ferdinand Freiligrath, vormals flammender Revolutions-Lyriker, war schon 1870 zum Nationalisten geworden. Einen Tag nach Frankreichs Kriegserklärung an Preußen im Juli dieses Jahres jubelte der ehemalige Freiheitsdichter: »Vergessen ist der alte Span:[56] Das deutsche Volk ist eins! Hurra, hurra, hurra! Hurra, Germania.«[57]

Nur war die Einheit der Nation eben gerade nicht Ergebnis einer Volksbewegung, sondern der Politik Preußens und deren von Adel, Militär und Beamtentum getragenen Führungsschicht. Zwar war die Zentralmacht im Kaiserreich stärker als im Deutschen Bund, aber der Regionalstaat Preußen war die dominierende Macht. Das Volk hatte zwar in der Theorie Anteil an dieser Macht, aber gerade in Preußen galt das Dreiklassenwahlrecht fort. Das bedeutete: Wer die meisten Steuern zahlte, bestimmte die Richtlinien der Politik.

Und im Reich herrschte Kanzler Bismarck, der nicht etwa der Volksvertretung verantwortlich war, sondern nur dem Kaiser. Trotz der rasant ansteigenden Zahl der Industriearbeiter und der kleinen Angestellten und Beamten war die bürgerliche Mittelschicht die ökonomisch und gesellschaftlich führende Kraft. Der Begriff des Volkes wurde für die Führenden so beliebig, dass sogar ein Monarchist wie Otto von Bismarck glaubte, sich darauf berufen zu können – wenn auch aus rein politisch-taktischen Gründen: »Zum Volke gehören wir alle, ich habe auch Volksrechte, zum Volke gehört auch Seine Majestät der Kaiser«, erklärte er 1873 im Reichstag gegen den Anspruch liberaler Parlamentarier, das Volk zu vertreten. »Das verbitte ich mir, den Namen Volk zu monopolisieren und mich davon auszuschließen! … Ich bleibe dabei, wir sind alle Volk, und die Regierungen mit.«[58]

Es ist offensichtlich, dass der eingefleischte Monarchist Bismarck hier mit einem Trick versucht, den im Kaiserreich machtpolitisch zementierten Unterschied zwischen Regierenden und Regierten, zwischen Obrigkeit und Untertanen zu verwischen, und den Grundgedanken des Parlamentarismus gegen ihn selbst zu wenden – nämlich gegen die Idee der Vertretung der Interessen des Volkes gegenüber der Regierung.

Diese Haltung wird politisch immer wirksamer, je stärker sich die Massen der Industrie-Arbeiterschaft organisieren und zum Teil auch radikalisieren. Schon seit Beginn der Vierzigerjahre des 18. Jahrhunderts hatte sich gegen die Deutschtümelei in der demokratischen Bewegung – auch unter dem Einfluss von Karl Marx und Friedrich Engels – eine sozialdemokratische und sozialistische Linke herausgebildet. Deren Programm: Volkssouveränität, Mehrheitsherrschaft und absolute Gleichheit aller Staatsbürger. Marx' Erwartung war, dass das Proletariat sich allmählich als eigenen Stand begreift und dann sein revolutionäres Potenzial entdeckt: die als Klasse zum Bewusstsein ihrer selbst gelangte Masse.

Damit ist für Marx und Engels dann auch das Problem von Volk und Nation lösbar: »Mit dem Gegensatz der Klassen im Innern der Nation fällt die feindliche Stellung der Nationen gegeneinander.«[59] Diese Aussage bleibt allerdings ebenso unbestimmt wie die Haltung vieler Sozialdemokraten und Linker zu Nationalitätsfragen ambivalent. Ferdinand Lassalle, Mitbegründer der Sozialdemokratie, ist da eindeutiger: Für ihn ist wahre Demokratie als Autonomie, also Selbstgesetzgebung des Volkes nur möglich unter der Voraussetzung der Autonomie nach außen: »freie, vom Ausland unabhängige Selbstgestaltung eines Volkslebens. … Das Prinzip der freien, unabhängigen Nationalitäten ist also die Basis und Quelle, die Mutter und Wurzel des Begriffs der Demokratie überhaupt.«[60]

Völkische Bewegung

Sosehr nun Sozialisten und Sozialdemokraten im Bismarck-Reich sich selbst als Opposition verstehen und von der Führungsriege als Volksfeinde verfolgt werden, kommt doch der stärkste Widerstand gegen die Politik des Kaiserreichs von rechts, von der völkischen Bewegung.[61]

In den Neunzigerjahren des 19. Jahrhunderts entstehen zahlreiche rechte Vereine und Interessenverbände, »die sich immer stärker für eine Stärkung des völkischen Gedankens im Innern und zugleich eine kriegerische Wendung nach außen einsetzen«.[62] Militärische Organisationen wie der Deutsche Flottenverein, der Deutschnationale Flottenverein, der Deutsche Kriegerbund und der Wehrkraft-Verein gehören dazu, vor allem aber der Deutschbund, der Bund der Landwirte und der Alldeutsche Verband. Den immer radikaler auftretenden Vertretern dieser Vereine und Verbände war die Politik des Kaiserreichs zu saturiert, zu gemäßigt, sowohl gegen den inneren wie auch den äußeren ›Feind‹. Bei Letzterem handelte es sich anfangs noch lediglich um Frankreich, später dann richtete sich die Abneigung aber recht wahllos gegen andere Länder. Unter dem inneren Feind verstand man hingegen – neben den Sozialisten – hauptsächlich die Juden und ›das Judentum‹. Die Völkischen waren von Beginn an erklärte radikale Antisemiten. »Deutschland muss voller deutscher Menschen und deutscher Art werden, so voll von sich wie ein Ei: dann ist für Palästina kein Raum in ihm«, schreibt der Kulturphilosoph Paul de Lagarde, ein einflussreicher Wegbereiter imperialistischen Denkens. Und weiter: »Jeder uns lästige Jude ist ein schwerer Vorwurf gegen die Echtheit und Wahrhaftigkeit unseres Deutschtums.«[63] Das heißt: Die Wahrhaftigkeit des Deutschtums gründet nicht in sich selbst, sondern in der Ablehnung von allem, das als nicht deutsch charakterisiert wird.[64]

Volk und Nation werden in diesen Zusammenhängen zu aggressiven, annexionistischen Begriffen, vom Landhunger des deutschen Volkes ist die Rede, der nur durch Landnahme im Osten, also in Russland, gestillt werden könne.[65] Lagarde hatte schon 1875 die allmähliche Germanisierung Polens und die Umwandlung Österreichs zu einer deutschen Kolonie als wesentliche Ziele deutscher Politik definiert. Die Annexion weiter Gebiete Russlands kommt dazu: »Die Deutschen sind ein friedfertiges Volk, aber sie sind überzeugt von dem Rechte, selbst, und zwar als Deutsche, zu leben, und überzeugt davon, dass sie für alle Nationen der Erde eine Mission haben: hindert man sie, als Deutsche zu leben, hindert man sie, ihrer Mission nachzugehen, so haben sie die Befugnis, Gewalt zu brauchen.«[66]

Lagarde propagiert die allmähliche Ausdehnung des deutschen Nationalstaates zu einem ›Germanien‹, das bis zur polnischen Ostgrenze reichen und im Süden an die Adria, im Südosten ans Schwarze Meer grenzen sollte. Welche Gebiete dabei genau ›deutsch‹ sein sollen, ist dabei auch begrifflich so weit – und so unbestimmt – gefasst wie möglich. »Deutschland ist die Gesamtheit aller deutsch empfindenden, deutsch denkenden, deutsch wollenden Deutschen: jeder Einzelne von uns ein Landesverräter, wenn er nicht in dieser Einsicht sich für die Existenz, das Glück, die Zukunft des Vaterlandes in jedem Augenblicke seines Lebens persönlich verantwortlich erachtet, jeder Einzelne ein Held und Befreier, wenn er es tut.«[67]

Noch radikaler trat der Schriftsteller Julius Langbehn auf, der mit seinem Buch *Rembrandt als Erzieher* von 1890 sensationellen Erfolg hatte. Langbehn war ein Propagandist des Führerprinzips, des Führungsanspruchs der Aristokratie, der Höherwertigkeit der arischen Rasse und der Schädlichkeit des

Judentums, schließlich der Blut- und Boden-Ideologie: Gleichsetzung von Volkstum und Bauerntum, von Volksseele und Bauernseele, die These vom »eingeborenen Erdcharakter des deutschen Volkes«.[68] Einig sind sich die Völkischen vor allem darin, dass das Kaiserreich nur ein Zwischenreich sein kann, dass ein neues Deutschland mit einem starken Führer kommen muss und auch wird.

So schreibt Heinrich Claß, Vorsitzender des Alldeutschen Vereins (damals unter dem Pseudonym Daniel Frymann): »Wenn heute der Führer ersteht, wird er sich wundern, wieviele Getreue er hat – und wie wertvolle, selbstlose Männer sich um ihn scharen. Wird der Ruf nach dem Führer noch nicht gehört? Dann soll er noch lauter erschallen, dass er nicht weithin überhört werden kann!«[69]

Wir sehen also: »Das Arsenal der Vorstellungen, die sich auf das politische Denken und Handeln der Deutschen in den nächsten fünfeinhalb Dezennien[70] zu verhängnisvoll auswirken sollten, war mithin in seinem Kernbestand bereits um 1890 vorhanden.«[71]

Ein Volk – zwei Kriege (1914–1945)

Der Siegeszug der völkischen Bewegung hielt auch nach 1900 an. Im Laufe der immer aggressiver werdenden wilhelminischen Innen- und Außenpolitik verlor das Völkische mehr und mehr seinen Oppositionscharakter und wurde gleichsam zum Sinnbild der offiziellen, immer stärker imperialistischen Politik. Je stärker diese Politik nach außen auf einen Krieg hinarbeitete, umso mehr verschob sich die innenpolitische Konfrontation. Im ›Zuge der allgemeinen Wendung ins Biologisch-Völkische‹[72] sollte nun auch der Proletarier, vormals der natürliche Feind alles Völkischen, für die Volksgemeinschaft gewonnen werden. Den Platz des inneren Feindes nehmen an seiner Stelle die Juden ein, die nun ganz allein an allem schuld waren – »an der großstädtischen Nivellierung, der proletarischen Verelendung, der fortschreitenden Entgermanisierung und Kulturverhunzung«.[73]

Der Volksbegriff wird in der Zeit vor dem und im Ersten Weltkrieg fast ausschließlich im rassistischen Sinne gebraucht. Und er spielt politisch und kulturell eine immer zentralere Rolle. »›Volk‹ wurde im Deutschen weithin zu einer sprachlich wesenhaften Substanz, die auf gar keinen Begriff gebracht, nur erlebt werden konnte.«[74] Und dieses Erleben »indizierte eine sittlich-religiöse, politisch-soziale und geschichtliche Letztinstanz, die scheinbar nicht überboten werden konnte.«[75] Will heißen: Am begriffslosen Leitbegriff ›Volk‹ kam politisch niemand vorbei, an ihm und mit ihm musste sich definieren, wer etwas zu sagen haben wollte.

Mit Beginn des Krieges wird dann ganz Deutschland zu einer Einheit. Kaiser Wilhelm II. ruft am 4. August 1914 vom Balkon seines Schlosses dem deutschen Volk zu: »Ich kenne keine Parteien mehr. Ich kenne nur Deutsche.« Die vormals ›vaterlandslosen Gesellen‹, vor allem vertreten durch die SPD im Reichstag, stimmten in die hysterische Kriegsbegeisterung ein und den Kriegskrediten zu. »Dass der Staat kein Klassenstaat sein dürfe, dass er kein Rassenstaat zu sein habe, dass er kein Gebildetenstaat sei, sondern ein deutscher Volksstaat, ist das Ideal der Menge«, schreibt der Liberale Friedrich Naumann. Um auszurufen: »Es lebe das Volk!«[76]

Nun hätte man meinen können, dass nach dem desaströsen militärischen Scheitern des Wilhelminismus auch dessen Ideologie verbrannt sein müsse, dass nun endlich die Stunde des ›wahren‹, nicht länger völkischen Volkes geschlagen hätte. Diese Hoffnung flammte bekanntlich nur kurz auf, denn der

Revolutionsversuch von 1918 wurde schnell niedergeschlagen. Und es zeigte sich bald, dass die alten reaktionären Mächte weiter am Ruder blieben.

Zwar geht in der Weimarer Verfassung erstmals die Staatsgewalt vom Volke aus, aber der Begriff der ›Nation‹ wird noch stärker als zuvor von den Rechten und Reaktionären, von den Gegnern der parlamentarischen Demokratie monopolisiert. ›National‹ wird allmählich zum Ausschlusskriterium: Die herrschende Mehrheit konnte definieren, wer als ›nicht national‹ aus der Gesamtheit des Volkes ausgegliedert werden sollte und konnte. Wer ›das Volk‹ ist und wer dazugehört, das definierten nach wie vor die ›Völkischen‹.

Das Bett ist gemacht: Die Nazi-Zeit

Die Nazis mussten sich theoretisch nicht besonders anstrengen, um hier anzuschließen. Das Bett war gemacht. Die völkische Bewegung ist nicht nur das ›unmittelbare Vorspiel des Hitlertums‹,[77] sondern auch der wesentliche Lieferant von Ideologie und Begrifflichkeit. Der Nationalismus der Nazis ist einer ohne eigenen Begriff, ohne originäre Theorie.[78] Hitler machte sich, genau wie nationalsozialistische ›Theoretiker‹ von Walther Darré bis Alfred Rosenberg und anderen, Begriffe zu eigen, die im völkischen Milieu Karriere gemacht hatten. Er »sog geradezu alle ihm erreichbaren völkisch-rassistischen Denkfiguren auf, um sie seinem Gedankengebäude dienstbar zu machen«.[79] Es liegt daher nahe, dass die Völkischen die NSDAP für einen Teil ihrer Bewegung hielten. Was Hitler scharf zurückwies. Kritische Äußerungen in *Mein Kampf* haben einige Historiker dazu bewogen, von einer strikten Ablehnung des Völkischen durch Hitler zu sprechen. Für ihn ist der Begriff

›völkisch‹ nicht klar definiert, was zu »mehr oder minder phrasenhaften Auslegungen« führt.[80] Er nennt die Völkischen ›völkische Johannesse‹ und ›völkische Schlafwandler‹[81] und wirft ihnen ›Weltfremdheit‹ und ›Unkenntnis der Volksseele‹[82] vor.

Aber das sind Anzeichen eines Konkurrenzkampfes, nicht etwa der Ablehnung der völkischen Ideologie. Hitler kämpft in den Zwanzigerjahren um den Alleinvertretungsanspruch für national-reaktionäre, rassistische und antisemitische Positionen. Da kann er mit einer zwar wirkmächtigen, aber doch allzu vielfältigen und unübersichtlichen, vor allem nicht straff organisierten Bewegung wenig anfangen. Tatsächlich ist auch Hitler ein Völkischer, aber er braucht ein eigenes, unverwechselbares Etikett, um seinen Anspruch auf Originalität zu untermauern. An anderer Stelle nennt er dann auch positiv die ›völkische Weltanschauung‹, die angetreten sei, »den Sieg des Besseren, Stärkeren zu fördern, die Unterordnung des Schlechteren und Schwächeren zu verlangen«.[83]

Das Ergebnis dieses Konkurrenzkampfes ist bekannt: Die NSDAP setzte sich durch, seit Mitte der Zwanzigerjahre »wurde in der deutschen und internationalen Öffentlichkeit ›völkisch‹ zusehends mit nationalsozialistisch und insbesondere mit der Person Hitlers identifiziert«.[84]

Das Unbestimmte, das Wabernde, der bedeutsame Gestus, den Hitler an den Völkischen kritisiert hatte, lebt bei den Nazis fort. Auch hier soll Nationalismus nicht begriffen, sondern erlebt und gelebt werden. Auch hier ist das Volk etwas vorstaatlich, urgeschichtlich Gegebenes. Vor allem die religiösen Konnotationen, die kennzeichnend für die völkische Bewegung vor dem, aber erst recht im Ersten Weltkrieg waren, leben fort. Von Erlösung, Auferstehung und Wiedergeburt des deutschen Volkes ist die Rede. Die Parole »Deutsches Volk, erwache!« hatte schon vor 1914 die Nazi-Parole »Deutschland erwache!« vorweggenommen.[85] Womit der Volksbegriff endgültig und vollständig entpolitisiert ist: Das Volk ist nicht handelndes Subjekt oder eine Mehrheit handelnder Subjekte, sondern Objekt einer Heilsgeschichte, die im Dritten Reich zu ihrer Erfüllung und Vollendung kommen soll.

Wie in den Nationalbewegungen des 19. Jahrhunderts ist das Volk auch für die Nazis eine naturhafte Gemeinschaft von gemeinsamer Abstammung, Geschichte, Sprache und Kultur. Vor allem aber: Volk ist Abstammungs- und Schicksalsgemeinschaft, und ›Volksgemeinschaft ist Blutsgemeinschaft‹. Und damit ist der Begriff Volk ausgehöhlt, so häufig er in der Alltagssprache der NS-Propaganda auch vorkommt: Volkskanzler, Volkswagen, Volksempfänger, Volksgericht, Volkssturm. Das ist das Wesentliche am Nazi-Volksbegriff: Er wird reduziert auf Rasse, der Rassebegriff besetzt auch in der Nazi-Propaganda mehr und mehr die Stelle des Volksbegriffs.

Die Reinheit dieser Rasse ist das oberste Ziel der NS-Politik. Hitler sieht das deutsche Volk als schrecklich vermischt und unrein an. Er benutzt gerne den Begriff ›Volkskörper‹, um dessen Krankheit, Verseuchung, Vergiftung deutlich zu machen. Die »entsetzliche gesundheitliche Verseuchung unseres Volkskörpers« neben der politischen, sittlichen und moralischen,[86] die »sich langsam weiterverbreitende Zersetzung unseres Volkskörpers«[87], schließlich die »rassenmäßige Vergiftung unseres Volkskörpers«[88] – das ist das Schreckensbild, das Hitler vom deutschen Volk malt. Demnach sind die meisten Deutschen eigentlich Mischlinge, aber er sieht »im allgemeinen Rassenbrei des Einheitsvolkes«[89] doch noch »große, unvermischt gebliebene Bestände an nordisch-germanischen Menschen«, sodass man die »wertvollsten Bestände an rassischen Urelementen nicht nur sammeln und erhalten, sondern langsam und sicher zur beherrschenden Stellung emporführen« könne.[90]

Wer das deutsche Volk so vergiftet hat und was mit ihnen zu geschehen hat, sagt Hitler auch ganz unverblümt: »Hätte man zu Kriegsbeginn und während des Krieges einmal zwölf- bis fünfzehntausend dieser hebräischen Volksverderber so unter Giftgas gehalten, wie Hunderttausende unserer allerbesten Arbeiter aus allen Schichten und Berufen es im Felde erdulden mussten, dann wäre das Millionenopfer der Front nicht vergeblich gewesen.«[91]

Folgerichtig geht das Naziregime im ›Gesetz zum Schutze des deutschen Blutes und der deutschen Ehre‹ von 1935 davon aus, »dass die Reinheit des deutschen Blutes die Voraussetzung für den Fortbestand des Deutschen Volkes ist«. Volk ist endgültig reduziert auf Rasse und Blut.

Nur: Wenn vom schrecklichen Missbrauch des Volksbegriffs durch die Nazis die Rede ist, darf nicht vergessen werden – obwohl das leider häufig der Fall ist –, dass Aufwertung und Überhöhung des Volksbegriffs in der Zeit zwischen Aufklärung und Romantik begannen, dass der Missbrauch als Waffe gegen ›die anderen‹, in der Regel Franzosen, während und vor allem nach der Französischen Revolution einsetzt und dass der Absturz ins Völkisch-Rassistische in den letzten Jahrzehnten des 19. Jahrhunderts begann. In der Sprache der Wissenschaft: »Die semantischen Vorgaben des modernen Volksbegriffs unserer ersten Jahrhunderthälfte[92] stammen fast alle aus der sogenannten Sattelzeit. … Ihre semantischen Strukturen waren um 1900 festgeschrieben, ihr politisches Potential vorgegeben.«[93] Und das bedeutet auch, dass trotz aller verbaler ›Entnazifizierung‹ auch immer wieder auf diese Vorgeschichte zurückgegriffen werden kann. Und wird.

Volkhaft, Volklich, Völkisch

Im September 2016 plädierte Frauke Petry, damals noch Vorsitzende der AfD, dafür, den Begriff ›völkisch‹ wieder positiv zu besetzen. Völkisch sei ein dem Begriff Volk ›zugehöriges Attribut‹.[94] Und wer ›völkisch‹ für einen rassistischen Begriff halte, der tue dem Begriff Volk Unrecht: »Volk mit Rassismus zu konnotieren, halte ich für falsch.«[95]

Sollte Frau Petry tatsächlich nicht gewusst haben, wovon sie redet, kann ihr geholfen werden. Adjektive, die eine ›das Volk betreffende Eigenschaft‹ bezeichnen sollen, gibt es zwar. Aber der Begriff ›volklich‹ ist außer in Wörterbüchern kaum anzutreffen. Er ist im Angelsächsischen (folclic) und Althochdeutschen (folclih) belegt, hat sich aber – vermutlich wegen der Ähnlichkeit mit ›folglich‹ – nicht durchgesetzt. Und ›volkhaft‹ kommt zwar literarisch, gelegentlich auch wissenschaftlich vor, tritt aber noch seltener auf.

Wie ist es also mit ›völkisch‹? Das Wort ist zwar – als Lehnübersetzung des lateinischen ›popularis‹ – schon seit dem 15. Jahrhundert in der Form ›volckisch‹ belegt,[96] war aber ebenfalls nicht gebräuchlich.[97] Johann Gottlieb Fichte erklärte 1811: »*Deutsch* heißt schon der Wortbedeutung nach *völkisch*, als ein ursprüngliches und selbstständiges, nicht als zu einem Andern gehöriges, und Nachbild eines Andern.«[98] Möglicherweise dachte er an die Bedeutung des Althochdeutschen ›diutisc‹. Und 1875 schlug der österreichische Germanist und ›Sprachreiniger‹ Hermann von Pfister ›völkisch‹ als Verdeutschung von ›national‹ vor. Der Begriff wird zusehends populär und verliert dabei zügig seine ursprünglich neutrale Konnotation. *Grimms Wörterbuch* notiert in den Zwanzigerjahren des 20. Jahrhunderts, ›völkisch‹ sei »im parteigezänk mit dem klange eines schlag- und kampfwortes behaftet; bes. oft wird dabei auch der rassengegensatz gegen die juden betont«.[99] Und der Große Brockhaus definiert Anfang der Dreißigerjahre: »Verdeutschung des Wortes ›National‹, im Sinne eines auf dem Rassegedanken begründeten und daher entschieden antisemitischen Nationalismus.«[100]

Die Autoren von *Trübners Deutschem Wörterbuch*, das in den Jahren ab 1939 entstand, zeigen sich ganz verwundert darüber, dass der Begriff »bekämpft und bespöttelt wurde, obwohl an der Bildung nichts auszusetzen ist«, sind dann aber doch ganz zufrieden, »denn schließlich hat man sich doch an das an sich gute Wort gewöhnt«.[101] Die Sprachpolitik der Nazis hatte sich hier schon deutlich durchgesetzt: Dass der Begriff ›völkisch‹ durch die völkische Bewegung zu einem aggressiven Abgrenzungsbegriff geworden war, zum Inbegriff von Rassismus und Antisemitismus, war zur Entstehungszeit von Trübners Wörterbuch voll akzeptiert.[102] Wer diesen Begriff also reanimieren will, weiß, was er tut. Oder sollte es zumindest wissen.

Nach 1945: Zwei deutsche Völker

Das Grundgesetz der Bundesrepublik Deutschland unterscheidet zwischen Staatsangehörigkeit und Volkszugehörigkeit: Deutscher ist, wer die deutsche Staatsangehörigkeit hat, wer nach 1933 emigriert ist (falls er Deutscher sein will) und wer als Flüchtling oder Vertriebener ›deutscher Volkszugehörigkeit‹ innerhalb der Grenzen von 1937 Aufnahme gefunden hat (Artikel 116). Das deutsche Volk besteht demnach aus Bürgern der Bundesrepublik, aus allen Deutschen in der DDR und in den verlorenen Ostgebieten und den aus Ost- und Südosteuropa vertriebenen sogenannten ›Volksdeutschen‹. Deren Status wird im Bundesvertriebenengesetz von 1953 noch einmal spezifiziert: »Deutscher Volkszugehöriger ist, wer sich in seiner Heimat zum deutschen Volkstum bekannt hat, sofern dieses Bekenntnis durch bestimmte Merkmale wie Abstammung, Sprache, Erziehung, Kultur bestätigt wird.«[103]

Diese umfassende Definition ist in der Westrepublik weitgehend unumstritten. Zweifelhaft bleibt die Frage, ob und wie die beiden deutschen Staaten eine Nation sind beziehungsweise sein können. Sie wird im Zuge der deutschen Einheit eher brachial gelöst: Durch ›Beitritt‹ von ›anderen Teilen Deutschlands‹ – also der DDR – zum Geltungsbereich des Grundgesetzes in der Fassung von 1949 wird aus zwei Ländern schließlich eines. So formuliert im alten Artikel 23 des Grundgesetzes: »Dieses Grundgesetz gilt zunächst im Gebiete der Länder Baden, Bayern, Bremen, Groß-Berlin, Hamburg, Hessen, Niedersachsen, Nordrhein-Westfalen, Rheinland-Pfalz, Schleswig-Holstein, Württemberg-Baden und Württemberg-Hohenzollern. In anderen Teilen Deutschlands ist es nach deren Beitritt in Kraft zu setzen.« Das galt zum Beispiel für den Beitritt des Saarlandes zur Bundesrepublik im Jahr 1957. Die gesamte DDR aber als eine Art Saarland größerer Ordnung zu behandeln, dazu bedurfte es schon einer gewissen Dreistigkeit auf der einen und einer gewissen Eilfertigkeit auf der anderen Seite. Die Verhandler der Westrepublik und der abgewickelten DDR brachten die jeweils nötige Haltung mit.

Kurz – und zuweilen heftig – wurde darüber gestritten, ob zur deutschen Einheit nicht notwendig Artikel 146 des Grundgesetzes herangezogen werden müsse: »Dieses Grundgesetz, das nach Vollendung der Einheit und Freiheit Deutschlands für das gesamte deutsche Volk gilt, verliert seine Gültigkeit an dem Tage, an dem eine Verfassung in Kraft tritt, die von dem deutschen Volke in freier Entscheidung beschlossen worden ist.«

Man könnte, man müsste Artikel 23 als ›Saarland-Artikel‹ und den 146 als Artikel ›Deutsche Einheit‹ bezeichnen. Aber man entschied stattdessen, dass eine vom ›deutschen Volke in freier Entscheidung‹ beschlossene Verfassung nicht nötig sei und dass das Grundgesetz der Westrepublik – nach ein paar redaktionellen Änderungen – durchaus ausreiche: So kam es statt zur ›Wiedervereinigung‹ zum Beitritt der ostdeutschen Länder zum Geltungsbereich des Grundgesetzes. Es muss verwundern, dass vor allem die Konstrukteure dieses Aktes sich bis heute wundern, dass das Selbstverständnis dieses zusammengetackerten deutschen Volkes als ›Nation‹ nie so recht gedeihen wollte.

Dabei waren die Voraussetzungen so schlecht nicht: Die Parole »Wir sind das Volk« bei den Montagsdemonstrationen 1989 bis 1990 meinte das souveräne Staatsvolk, das seinen Geltungsanspruch gegen einen Staat artikuliert, der sich als ›Volksstaat‹ (›Arbeiter- und Bauernstaat‹) kostümiert hatte. Es ging darum, die politische Herrschaft zu übernehmen. Mit dieser Parole wurden die revolutionären Traditionen von 1789 und 1848 beansprucht und Gewaltenteilung, Rechtsstaatlichkeit, Parteienpluralismus eingeklagt.

»Wir sind das Volk« – das hat gute Tradition: Der Satz kommt in Georg Büchners Drama *Dantons Tod* vor,[104] und in Ferdinand Freiligraths berühmten Gedicht *Trotz alledem* heißt es: »Wir sind das Volk, die Menschheit wir, sind ewig drum, trotz alledem!« Der Text lehnt sich an ein Gedicht des schottischen Freiheitsdichters Robert Burns mit dem Titel *A Man's a Man for A' That* an. Und in dem Lied *Free the People* der Gruppe The Dubliners, das den Freiheitskampf der Iren thematisiert, lautet eine Zeile: «We are the people, and we shall overcome.« Selbst der Übergang zur Parole »Wir sind ein Volk« hat kein allzu schlechtes Vorbild: »Wir sind Ein Volck, von Einem Nahmen und Sprache«, schreibt 1765 der Staatsrechtler Friedrich Carl von Moser.[105] Zwar kein Demokrat, aber immerhin ein aufrechter Aufklärer.

Allerdings wird dieser Übergang bald höchst problematisch. In den Montagsdemonstrationen war er noch inklusiv gemeint: Wir alle, Demonstranten, Polizisten, Sicherheitskräfte, wir sind ein Volk. Und auch wenn damit gesagt ist, dass die Deutschen in Ost und West sich per politischer Willensbildung und Willensbekundung aus zwei Völkern zu einem Volk zusammenschließen, dann hat ›ein Volk‹ auch einen urdemokratischen Sinn. Es hat sich aber schnell gezeigt, dass das so nicht gemeint war. Denn es ging in der Folge nicht darum, wie diese Einheit von unten zu organisieren sei, sondern nur – wie gesehen – um den möglichst schnellen Beitritt der Länder der ehemaligen DDR zur Bundesrepublik West. ›Ein Volk‹ ist damit nichts weiter als der Rekurs auf ein vermeintlich naturhaft vorgegebenes, objektives Gebilde, das schon immer existiert hat und deshalb nur wiederhergestellt werden müsse. Daher auch der Begriff ›Wiedervereinigung‹.

Es hat von daher eine gewisse Logik, dass die Parolen »Wir sind das Volk« und »Wir sind ein Volk« seit 2014 bei Pegida- und AfD-Veranstaltungen wieder auftauchten. Der Rückgriff auf völkische Vorbilder ist dabei offensichtlich. »›Wir sind das Volk‹ – das ist inzwischen der Slogan einer völkischen Bewegung«, schreibt ein Kommentator der *FAZ*. »Wir sind das Volk: die anderen nicht. Die sind Volksschädlinge, Feinde des Volkes.«[106]

Dabei galt lange Zeit als ausgemacht und relativ unstrittig, was hierzulande das Volk sei: nämlich das, was sich als Souverän definiert und artikuliert und darin von der Verfassung und den Gesetzen geschützt und gestützt wird. Und obwohl dieser Status verfassungsrechtlich gesichert ist, muss er immer wieder erkämpft und durchgesetzt werden. Dass dieses Volk ein ›deutsches‹ sei, ist im »Begriff einer im Bewusstsein der Bevölkerung vorhandenen Sprach- und Kultureinheit« verankert,[107] so das Bundesverfassungsgericht in einem Urteil aus dem Jahre 1973. Dass auch diese Einheit kein Ewigkeitswert ist, sondern immer wieder diskutiert und gegebenenfalls neu definiert werden muss, liegt ebenfalls auf der Hand.

Zum einen hat, wie gesehen, die deutsche Einheit nicht unbedingt das Selbstbewusstsein des einigen deutschen Volkes gestärkt. Zum anderen ist die Geltung der nationalen Selbstbestimmung durch das anwachsende Gewicht supranationaler Institutionen stark relativiert. Und schließlich sorgt der Druck der Wanderungsbewegungen für immer erregtere Debatten darüber, ob und wie weit der Begriff ›Deutscher‹ modifiziert werden muss.

Die Antwort der neuen Rechtsfront ist klar: Das Volk ist eine biologisch homogene Abstammungsgemeinschaft, die gilt es reinzuhalten, also vor Durchmischung zu schützen, vor allem aber vor ihrer Vernichtung durch ›Umvolkung‹. Die verwendeten Begriffe sind unterschiedlich. Mitglieder der identitären Bewegung sprechen von ›Bevölkerungsaustausch‹ und vermeiden den Begriff ›Umvolkung‹, der in der AfD und bei Pegida und anderen Abendlandrettern gang und gäbe ist und auch von der früheren CDU-Bundestagsabgeordneten Bettina Kudla verwendet wurde. Es ist eindeutig ein Nazi-Begriff, der allgemein den – meist erzwungenen – Wechsel der Volkszugehörigkeit meint, im Besonderen aber die Zwangsgermanisierung von Menschen oder Gebieten in Osteuropa. Die SA hatte demgemäß eine doppelte Aufgabe: »Die Umvolkung der rassisch geeigneten Tschechen« in Böhmen und Mähren und die »Aussiedlung von rassisch unverdaulichen Tschechen und der reichsfeindlichen Intelligenzschicht beziehungsweise Sonderbehandlung dieser und aller destruktiven Elemente« und schließlich »die Neubesiedlung dadurch freigewordenen Raumes mit frischem deutschen Blut«.[108]

Der Begriff ›Umvolkung‹ wird nun keineswegs naiv benutzt, so als wisse man nichts über den historischen Hintergrund. Sondern es ist ausdrücklich von ›Orientalisierung‹ oder ›Islamisierung‹ Deutschlands als Inhalt und Ziel der deutschen Flüchtlingspolitik die Rede. Und die ›Umvolkung‹, also der Austausch der deutschen Bevölkerung zugunsten islamischer Migranten, wird nicht – wie noch bei Thilo Sarrazin – als missliche Folge einer verfehlten Politik interpretiert, sondern als planmäßiges Vorgehen, als bewusstes politisches Handeln.

Wir sehen einmal davon ab, dass solche Thesen den politisch Verantwortlichen in dieser Republik eine strategische Kompetenz und administrative Durchsetzungskraft unterstellen, die von der Wirklichkeit Meilen entfernt sind. Ohnedies liegt die Abenteuerlichkeit solcher Theorien ja offen zutage; das zeigen nicht zuletzt die ständigen Verschärfungen des Asylrechts durch die Bundesregierung seit Ende 2015. Und die handwerkliche Unfähigkeit der Regierung Merkel bei der Bewältigung der Flüchtlingskrise wird weiter unten (Kapitel 4) erläutert.

Entscheidend ist, dass mit der inzwischen rechtsradikalen Parole »Wir sind das Volk« ein Volksbegriff reanimiert werden soll, der seit den Nationalbewegungen des 19. Jahrhunderts ideologisch überhöht und vor allem in der völkischen Bewegung bis hin zum Nationalsozialismus biologistisch-rassistisch umgedeutet und missbraucht wurde. ›Volk‹ soll wieder Abstammungs-, Schicksals- und Blutsgemeinschaft sein. Zwar vermeiden die meisten AfD-Politiker den Begriff ›Rasse‹, aber in der Rede von der ›ethnischen Herkunft‹ ist genau das gemeint.

Und damit tauchen wir wieder ab in den Mythos ›deutsches Volk‹, das es angeblich schon in germanischen oder gar vorgermanischen Urzeiten gegeben haben soll. Dieser Mythos ist für die Deutschtümler deshalb wichtig, weil sie damit auch ihre Aversion gegen gebürtige Deutsche begründen können, deren Vorfahren nicht aus Deutschland kommen. Wobei kaum jemand auf die Idee käme, einen Deutschen mit englischen, französischen, italienischen oder niederländischen Vorfahren für nicht hinreichend deutsch zu halten. Fremdenfeindlicher Rassismus sucht sich seine ›Fremden‹ genau aus: Sie sollten möglichst aus arabischen Ländern kommen, weil mit dem Hinweis auf islamistischen Terror das rassistische Ressentiment als Sicherheitspolitik ausgegeben werden kann.

Das Ansteckungspotenzial solchen Geredes ist offenbar sehr hoch, zumal die für einen demokratischen Rechtsstaat einzig mögliche Definition von ›Volk‹ wenig emotional ist. Aber sie ist einleuchtend: Volk ist das, was sich in freier Selbstbestimmung dazu erklärt; formale Voraussetzung ist die Staatsangehörigkeit. Wer sich nicht dem deutschen Volk zugehörig fühlt, kann sie ablehnen wie die sogenannten ›Reichsbürger‹, die sich nicht als Bürger der Bundesrepublik definieren. Aber selbst die müssen sich an Recht und Gesetz halten. Ob jemand ›deutsche‹ Kultur und Traditionen mag, ist eine sekundäre Frage.

Eine vermeintlich ›deutsche‹ Identität definiert sich nicht daran, ob jemand zum Karneval geht, an Martinsumzügen teilnimmt oder Weihnachten feiert. Ohnehin ist es nicht so einfach festzustellen, was denn überhaupt ›deutsch‹ ist. Genau das hat mit der Geschichte des Deutschen und der Deutschen zu tun. Bis zum Bismarck-Reich, das Deutschland als Anordnung von oben entstehen ließ, gab es viele Völker auf deutschem Gebiet, darunter Regionen mit stark ausgeprägtem Selbstbewusstsein. Was heute als Tradition und Brauchtum identifiziert wird, ist in aller Regel regionales Erbe. Volksfeste, Jahrmärkte, Schützenfeste, Trachten, Tänze, Lieder, jahreszeitliche und berufsspezifische Gebräuche – Erntedank, Weinlese, Bieranstich, Richtfest – all das und mehr ist tief in den Regionen verankert. Das sind badische, bayerische, hessische, thüringische oder friesische Traditionen, und es dürfte schwerfallen, etwas rein ›Deutsches‹ daran zu identifizieren. Natürlich könnte man all das, was sich auf deutschem Boden im Laufe der Jahrhunderte an kulturellen Traditionen entwickelt hat, ›deutsch‹ nennen. Nur lässt sich daraus keine ›Identität‹ filtern. Und vor allem: Das alles ist organisch entstanden, wurde gemeinsam erschaffen, und war nicht seit unvordenklichen Zeiten immer schon da. Das unterscheidet ›Kultur‹ von ›Natur‹. Die neuen Völkischen wollen genau diesen Unterschied auslöschen, indem sie Kultur zu Natur umdichten.

Es bleibt dabei: Nicht nur das Rheinland, sondern ganz Mitteleuropa war und ist eine ›Völkermühle‹, wie Carl Zuckmayer das Rheinland in seinem Drama *Des Teufels General* genannt hat. Und nach wie vor ist die großartige Rede von General Harras gültig, der einem Fliegerleutnant eine Standpauke hält, weil dieser sich Sorgen um seinen ›Ariernachweis‹ macht. Seine Verlobte hat die Verlobung gelöst, weil eine der Ururgroßmütter anscheinend zugewandert ist, während die übrige Familie aus dem Rheinland stammt. »Na, und was wissen Sie denn über die Seitensprünge der Frau Ururgroßmutter? Die hat doch sicher keinen Ariernachweis verlangt. … Was kann da nicht alles vorgekommen sein in einer alten Familie. Vom Rhein – noch dazu. Vom Rhein. Von der großen Völkermühle. Von der Kelter Europas!«, sagt Harras.

Und dann kommt die wunderbare Eloge auf die Vermischung der Völker: »Und jetzt stellen Sie sich doch mal Ihre Ahnenreihe vor – seit Christi Geburt. Da war ein römischer Feldhauptmann, ein schwarzer Kerl, braun wie ne reife Olive, der hat einem blonden Mädchen Latein beigebracht. Und dann kam ein jüdischer Gewürzhändler in die Familie, das war ein ernster Mensch, der ist noch vor der Heirat Christ geworden und hat die katholische Haustradition begründet. – Und dann kam ein griechischer Arzt dazu oder ein keltischer Legionär, ein Graubündner Landsknecht, ein schwedischer Reiter, ein Soldat Napoleons, ein desertierter Kosak, ein Schwarzwälder Flözer, ein wandernder Müllerbursch vom Elsass, ein dicker Schiffer aus Holland, ein Magyar, ein Pandur, ein Offizier aus Wien, ein französischer Schauspieler, ein böhmischer Musikant – das hat alles am Rhein gelebt, gerauft, gesoffen und gesungen und Kinder gezeugt – und der Goethe, der kam aus demselben Topf, und der Beethoven und der Gutenberg und der Matthias Grünewald, und – ach was, schau im Lexikon nach. Es waren die Besten, mein Lieber! Die Besten der Welt! Und warum? Weil sich die Völker dort vermischt haben. Vermischt – wie die Wasser aus Quellen und Bächen und Flüssen, damit sie zu einem großen, lebendigen Strom zusammenrinnen. Vom Rhein – das heißt: vom Abendland. Das ist natürlicher Adel. Das ist Rasse. Seien Sie stolz darauf, Hartmann – und hängen Sie die Papiere Ihrer Großmutter in den Abtritt. Prost.«

Dieses Prachtstück deutscher Prosa ist so oft zitiert worden, dass man meinen sollte, es sei begriffen worden. Aber es scheint doch nicht hinreichend ins kollektive Bewusstsein aller in Deutschland lebenden Menschen gedrungen zu sein, sonst würden nicht immer noch und immer wieder so viele von ihnen so aufgeregt und angestrengt nach dem ›deutschen Volk‹ oder der ›deutschen Identität‹ suchen.

Denn was unter Vermeidung der Begriffe ›Volk‹ und ›Rasse‹ quasi-intellektuell unter ›Identität‹ verstanden wird, ist genau das Urwüchsig-Mythische, das immer vergebens gesucht wird und nur behauptet werden kann. Die Identitären, zumindest die schlauen unter ihnen, bestreiten gar nicht, dass wir alle

Produkte eines permanenten Vermischungsprozesses sind. Sie behaupten aber gleichzeitig, dass das Ergebnis dieses langen Prozesses eben doch so etwas wie eine homogene Volksgemeinschaft sei, eine Abstammungsgemeinschaft, deren ›Identität‹ vor Beginn der aktuellen Völkerwanderungen sozusagen festgestellt sei. Bis dahin sei sozusagen alles gut, aber nun dürfe keine weitere Einwanderung zugelassen wird, weil sonst unsere ›Identität‹ beschädigt würde.

Das ist nichts weiter als das zeitgenössische Kostüm für völkisches Denken. Die Begründer der völkischen Bewegung hatten genau so argumentiert: Jedes Volk hat seine Eigenart und ist in dieser Eigenart zu respektieren – die Idee der Vernichtung ›unwerten‹ Lebens kam erst später –, aber zur Erhaltung dieser jeweiligen Eigenarten sollen die Völker und Kulturen eben getrennt bleiben, soll jede (weitere) Vermischung ausgeschlossen werden. Dieser vornehme Rassismus, in dem von ›Herrenmenschen‹ und ›Untermenschen‹ nicht die Rede ist, kennzeichnet auch die identitäre Bewegung.

Dabei ist Identität, bezogen auf Gruppen und Gesellschaften, gar ›Völker‹ meist nichts weiter als Wortgeklingel. Identität bedeutet völlige Übereinstimmung mit sich selbst. Das kriegt man bei einzelnen Lebewesen metaphorisch so gerade noch hin. Aber bei Gesellschaften? Da kann ich von Zugehörigkeit sprechen, die empfunden und gelebt wird. Das ist ja auch gemeint, wenn man davon spricht, dass sich jemand mit jemandem oder etwas ›identifiziert‹. In diesem Zusammenhang ist aber etwas anderes gemeint: Die Identifikation mit dem eigenen Volk, mit der Nation, so die Theorie, soll eine Art ›kollektive Identität‹ schaffen, und das funktioniert dann, »wenn die emotionale Bindung an die Nation und die Loyalität ihr gegenüber in der Skala der Bindungen und Loyalitäten oben steht«.[109] Womit wir dann wieder beim guten, alten Nationalismus wären.

Sehr viel mehr als das bayerische »Mia san mia« wird dabei nicht herauskommen. Ein Spruch, der im Übrigen belegt ist als Parole des k.u.k. Infanterie-Regiments ›Hoch- und Deutschmeister‹ Nr. 4 zu Kaiser Franz Josephs Zeiten. Sie signalisierte patzige Selbstbehauptung und Überheblichkeit – weil Unbesiegbarkeit. Das bleibt dann vom pseudo-intellektuellen Gerede von der ›Identität‹ übrig: die Behauptung, dass ›wir‹ einzig sind und allemal besser als alle anderen.

Das ist erkennbar das Gegenteil dessen, was wir als Erbe von Humanismus und Aufklärung mitbekommen haben: Nicht irgendein Kollektiv, kein Volk, keine Nation ist einzig, sondern jeder einzelne Mensch. Die Eigenheit des Individuums ist erste und letzte Instanz, nur das Individuum selbst verfügt über sich, kein anderer hat das Recht dazu. Die Eigenheit des Einzelnen ist seine Würde, sie ist zu achten – unabhängig von seiner Hautfarbe, seinem Geschlecht, seiner Herkunft, seinem Glauben oder Nichtglauben. »An die Stelle dieser Weltoffenheit tritt nun eine ›Identitätspolitik‹, die … sich einem Stammesdenken zuwendet, in dem sich, wie könnte es anders sein, etwas Partikulares zur Allgemeinheit aufwirft und in dem also weder der Einzelne noch die Vernunft etwas verloren haben.«[110]

Auch außerhalb dieser kernideologischen Fixierungen hat der Begriff ›Identität‹ in den gegenwärtigen politischen Diskussionen Hochkonjunktur. Der bayerische Ministerpräsident zum Beispiel erklärte, dass ›der‹ Islam »nicht identitätsstiftend für unser Land« sei (und meinte damit sowohl Bayern als auch Deutschland insgesamt), wohl aber das christliche Kreuz, das aus ebendiesem Grund in den Eingangsbereichen bayerischer Amtsstuben aufgehängt werden muss. Da er als Regierungschef zu weltanschaulicher Neutralität verpflichtet ist, erklärte er, das Kreuz sei zwar ein religiöses Symbol, hänge in den Amtsstuben aber als Symbol für »bayerische

Identität und Lebensart«. Also so etwas wie Lederhose, Brezen und Weißwurst.

Weil das nun nicht nur komisch ist, sondern einigen Kirchenvertretern doch ein bisschen zu viel des Guten, legte Söder mit der Bemerkung nach, das Kreuz sei zwar »in erster Linie« ein religiöses Symbol, aber eben »auch ein Symbol der Kulturgeschichte und ein Bekenntnis zur eigenen Identität«. Solche intellektuellen Purzelbäume muss man schlagen, wenn man meint, Kulturkämpfe austragen zu müssen.

Was Söder offenbar nicht gemerkt hat: Mit dieser Argumentation setzt er alle diejenigen ins Recht, die das muslimische Kopftuch verteidigen. Weil es zwar als religiöses Symbol verstanden werden, aber auch für Identität, Lebensart, Kultur und Tradition stehen kann.

Auch andere Politiker greifen gerne mal zum Identitätsbegriff, weil er gerade so in Mode ist. So meinte Bundespräsident Steinmeier, ein starkes Europa sei »Teil unserer Identität«, und der CDU-Fraktionsvorsitzende im Bundestag macht eine »gewachsene Identität« der Deutschen seit dem Zweiten Weltkrieg aus. Was Identität in solchen Zusammenhängen sein soll, bleibt nebulös. Vermutlich sind politische Überzeugungen und demokratisch-rechtsstaatliche Orientierungen gemeint. Aber so genau weiß man das nicht.

Kurzer Traktat über Werte und Leitkultur

Was aber deutlich ist: Die Identitätsdebatte hat die Debatten um Leitkultur und Werte abgelöst, die uns sonst in regelmäßigen Abständen heimgesucht haben und die jetzt sozusagen als Subtext immer mitlaufen. Es ist ein Automatismus, fast eine Art Pawlowscher Reflex: Wenn hierzulande über Werte geredet wird, geht es wie von Geisterhand nicht um Analyse und Argumentation, sondern um Glauben, um Religion. Das war in den verschiedenen Leitkultur-Debatten so, und das ist nun auch in den Integrationsdebatten so, die seit einiger Zeit den Leitkultur-Streit überlagern. Tatsächlich geht es immer um das eine: Nämlich um die Frage, was die Grundlagen des Zusammenlebens in diesem Land sind.

Angefangen hatte das alles mit Jörg Schönbohm, der 1998 als Berliner Innensenator von deutscher Leitkultur sprach. Zwar ist Schönbohm nicht verdächtig, wissenschaftliche Traktate zu lesen, aber irgendwie muss dieser Begriff aus Göttingen zu ihm herübergeweht sein. Professor Bassam Tibi hatte 1998 in seinem Buch *Europa ohne Identität* (!) eine ›europäische Leitkultur‹ gefordert, die gegen einen vermeintlich wertneutralen Multikulturalismus gesetzt werden sollte. Der Kontext ist bei Tibi eindeutig: »Der Begriff Leitkultur orientiert sich an den Werten der Aufklärung und der französischen Revolution. Leitkultur bedeutet nichts anderes als ein gemeinsamer Nenner zwischen Migranten und Deutschen, dass sie zusammen in Frieden leben, und das ist eine Grundlage für Integrationspolitik.«

Wer würde dem widersprechen wollen: Jede Gesellschaft muss im lebendigen Dialog eine Basis finden, wie miteinander zu leben sei. Und dieser Dialog gerinnt üblicherweise in einer Satzung, in einer niedergeschriebenen Rechtsordnung. Das ist aber nicht gemeint. Im politischen Diskurs wird das Drohpotenzial des Begriffs ›Leitkultur‹ sehr wohl verstanden und operativ eingesetzt. Das brachte der CSU-Rechtspolitiker Wolfgang Zeitlmann im Bundestag so zum Ausdruck: »Für mich ist das Thema Leitkultur genauso, als wenn ich sage: Ich lade jetzt Menschen zu mir ins Haus ein, dann würde meine Hausordnung gelten, und was anderes ist auch eine Leitkultur nicht.«

Das ist gemeint: Migranten sind nicht etwa Deutsche, die woanders geboren sind – wie Professor Bassam Tibi aus Damaskus. Oder deren Eltern woanders geboren sind. Sondern Deutsche mit Migrationshintergrund bleiben Fremde, sind allerhöchstens Gäste, die sich aber in meinem Haus gefälligst zu benehmen haben. Wer von ›Leitkultur‹ spricht, meint dies immer mit: Einer definiert, was Kultur ist, einer sagt, wo es langgeht, und die anderen haben gefälligst zu parieren. Denn er meint eben nicht Integration, sondern Assimilation, nicht Dialog, sondern Diktat. Noch hilfloser kann man das vermeintlich bedrohte Abendland nicht verteidigen.

Integration wäre dagegen etwas ganz anderes: nämlich eine Verständigung über Selbstverständlichkeiten. In einer Gesellschaft dürfen alle tun, was sie wollen, solange sie die Rechtsordnung beachten. Alle müssen Steuern zahlen, ihr Auto anmelden, ihre Kinder zur Schule schicken. Es ist verboten, nach zehn Uhr Lärm zu machen, Fremde zu jagen, Bomben zu legen, Synagogen anzuzünden und Obdachlose zu töten. Für jeden deutschen Staatsbürger. Und für alle anderen.

Muslime dürfen Fleisch geschächteter Tiere essen, solange das Tierschutzgesetz nichts anderes sagt. Zwangsehen, Beschneidung von Mädchen, Zwangsprostitution, Zigarettenschmuggel, Altöl in der Frittenbude – all das ist verboten. Für alle. Ich muss keine nebulöse ›Werteordnung‹ formulieren, keine ›Leitkultur‹, solange das Grundgesetz und alle anderen Gesetze gelten. Und sie gelten. Niemand muss dazu ein Bekenntnis ablegen. Alle müssen sich daran halten. Diese Selbstverständlichkeit immer wieder zu diskutieren und im Dialog aller mit allen zu affirmieren, das macht eine Gesellschaft stark.

Das reicht aber vielen nicht, sie benötigen noch einen anderen, nicht kodifizierten Wertekanon. Möglicherweise liegt das daran, dass sie das Grundgesetz und vor allem die geistigen Traditionen, auf denen es fußt, nicht verstanden haben.

Also müssen Religionen her. »Auf christlichen Werten basiert unsere gesamte Kultur«, erklärte Ursula von der Leyen 2006, damals noch Familienministerin. Sie schmiedete gerade ein ›Bündnis für Erziehung‹ mit den christlichen Kirchen und meinte, damit sei ein ›gesellschaftliches‹ Bündnis begründet. Das ist für christdemokratische (und christsoziale) Politiker ohnehin selbstverständlich: Die ›christlich-abendländische Herkunft‹ unserer Kultur steht seit Jahren im CDU-Grundsatzprogramm, und seit dem Parteitag vom November 2010 ist es die ›christlich-jüdische Tradition‹, die unsere kulturellen Werte prägt. Grund für diesen Etikettenwandel war die heftige Debatte um die Rede von Bundespräsident Wulff, der gemeint hatte, auch der Islam gehöre zu Deutschland.

Abgesehen davon, dass es besonders perfide ist, sich des Judentums zu bedienen, um sich im Kulturkampf gegen den Islam zu positionieren: Offenbar soll vergessen gemacht werden, dass christlich-jüdische Geschichte in Deutschland jahrhundertelang eine Geschichte von Antisemitismus, Unterdrückung, Verfolgung und Gewalt war. Bis hin zur Shoah. Und die ›abendländischen‹ Werte, die ins Grundgesetz eingeflossen sind – Freiheit, Demokratie, Menschenrechte –, mussten gegen die Macht- und Herrschaftsansprüche von Religion und Glauben erkämpft und durchgesetzt werden.

Die Kultur des Abendlandes ist das große geistige und politische Erbe der griechischen Polis und der römischen Zivilisation, nicht ihrer Despotie. Es ist das Erbe der Bauernkriege, von Renaissance und Humanismus, der französischen Revolution, der europäischen Aufklärung. Für diese Werte wurde gegen weltliche und kirchliche Mächte gefochten, und der Blutzoll war beträchtlich.

Dass solche Werte auch in Religionen gelten, bleibt unbestritten. Im Judentum, im Christentum, im Islam, im Buddhismus, Hinduismus, wo auch immer. Und wer glaubt, den Glauben nötig zu haben, der soll auf seine Weise selig werden. Auch das ist ein – außerreligiös – erkämpfter Grundzug freiheitlicher Gesellschaften.

Die entscheidende Frage wird eben nicht durch Religion beantwortet: Warum sollen Freiheit, Gleichheit, Brüderlichkeit gelten? Warum Menschlichkeit, Gerechtigkeit? Davon reden unsere Leitkulturheroen gar nicht so gerne, denn der Marktkapitalismus akzeptiert die Geltung solcher Werte nur höchst unwillig und am liebsten nur im Sonntagsreden-Kleidchen, aber bitte nicht in der politisch-wirtschaftlichen Praxis. Warum sollte ich mich – abgesehen von der sowieso für alle geltenden Rechtsordnung – in einer Gesellschaft ›tugendhaft‹ verhalten? Also anständig sein, ehrlich, aufrichtig, hilfsbereit, verantwortlich und solidarisch?

Wer sich nicht mit Religion rauslügen kann, muss mit dem ›Humanum‹ antworten. Der Mensch in seiner Einzigartigkeit und der Unverletzlichkeit seiner Würde ist das erste, letzte und einzige Kriterium, das wir für ›Werte‹ haben. Dieses ›Humanum‹ anzuerkennen und durchzusetzen, ist nichts fürs Poesiealbum oder für eitles Wortgefuchtel, sondern ist ernstes Bekenntnis und harter Kampf. Auch und insbesondere politisch, wirtschaftlich, gesellschaftlich. Für Religionskämpfe ist dabei weder Zeit noch Platz. Vor allem ist die über alle Maße alberne Frage überflüssig, ob irgendetwas ›zu Deutschland gehört‹. Der Islam zum Beispiel. Menschen gehören zu Deutschland. Das reicht.

Vorläufiger Befund

Wie geht es also unseren Patienten, den ach so mitgenommenen, missbrauchten, vergifteten Begriffen? Gar nicht so schlecht, wie viele Zweifler meinen, lautet der vorläufige Befund. Dass die Rede vom ›Volk‹ hierzulande als unanständig gelte und dass unter schwersten Verdacht geriete, wer Begriffe wie ›deutsch‹, ›Volk‹ oder ›Heimat‹ verwendet, kann ich nicht sehen. Mir hat auch noch niemand zeigen können, wo, auf welcher Bühne, in welcher Szene dieses Stück aufgeführt würde. Möglicherweise lassen sich einige Zeitgenossen solche Probleme von anderer Seite einreden.

»Das Volk ist nicht tümlich«, sagte Bertolt Brecht. Also nicht reduzierbar auf die ›Volkstümlichkeit‹, die den ›einfachen Leuten‹, den ›unteren Schichten‹ gerne von denen angedichtet wird, die sich nicht dazuzählen. Das Ensemble Gartenzwerg, Jägerzaun, Lodenjoppe und Seppelhut ist allenfalls Ausweis von Biedersinn und Spießigkeit, sicher nicht von ›Volk‹. Und die Tatsache, dass ein Millionenpublikum auf sogenannte ›volkstümliche‹ Musik abfährt, sagt eine Menge über den Geschmack dieses Publikums, aber relativ wenig über die ›breite Mehrheit‹ der Bevölkerung.

Vor allem aber muss dem Diktum Brechts dieses hinzugefügt werden: Das Volk ist nicht völkisch. Will sagen: Der Volksbegriff ist nicht so vergiftet, wie viele meinen. Er ist fest verankert in unserem Rechtssystem und im alltäglichen Sprachgebrauch, er meint Bevölkerung, Staatsangehörigkeit, Zugehörigkeit. Wer heute von ›Volk‹ redet, hat in aller Regel nicht »Ein Volk, ein Reich, ein Führer« im Hinterkopf, und niemand bekommt einen Schauer bei der Nennung des Begriffs, weil ihm dieses Erbe anhaften könnte.

Und vom ›deutschen Volk‹ zu reden, hat auch nichts mit ›Völkischem‹ zu tun. Die auf deutschem Staatsgebiet lebende Bevölkerung ist das deutsche Volk, formal definiert durch die Staatsangehörigkeit, inhaltlich durch das Gefühl oder das Bewusstsein der Zugehörigkeit zu dieser Rechts- und Sozialgemeinschaft. Wobei jeder das Recht hat, sich nicht zugehörig zu fühlen, sofern er sich an Recht und Gesetz hält. Wer als Gast in Deutschland lebt – ob aus beruflichen Gründen oder als Flüchtling mit welchem Status auch immer –, hat genau dieselben Rechte und muss nicht besonders unterwürfig oder demütig sein. Die Staatsangehörigen sind nicht die Herren, denen die Gäste als Geduldete zu dienen haben. Und natürlich gelten Recht und Gesetz auch für Gäste.

Bedenklich und am Ende gefährlich ist etwas anderes: Wer den Volksbegriff wieder, nachdem es ihm ein paar Jahrzehnte gut ging, mit den unheilvollen Konnotationen besetzen will, dem muss energisch widersprochen werden. Der Spruch »Wir sind das Volk« ist im Gebrauch durch die Rechtsfront eine Ausgrenzungsparole geworden. Er sagt: Wir sind es, und ihr seid es nicht. Und wenn der AfD-Vorsitzende Alexander Gauland sagt: »Wir werden uns unser Land und unser Volk zurückholen«, dann gibt es Anlass, sich zu fürchten. Zurück von wem und wohin überhaupt?

Denn wer den demokratisch-rechtsstaatlichen Begriff von ›Volk‹ wieder zu einem mythisch-biologistischen Begriff von Abstammungs-, Bluts- und Schicksalsgemeinschaft umdeutet, hat Abgrenzung und Ausschluss bestimmter Gruppen im Sinn und will zurück zu aggressivem Nationalismus, zur Unterscheidung von Herren- und Untermenschen. Und entfernt sich damit radikal vom demokratischen Selbstverständnis. Das heißt nicht, dass man solche Meinungen nicht haben oder nicht äußern dürfe. Aber jeder, der das tut, muss mit Widerspruch und Widerstand rechnen.

Nun könnte man ja fragen: Muss man am Volksbegriff denn festhalten, wenn sich schon wieder Missbrauch abzeichnet?

Muss man natürlich nicht. Der Begriff ›Volk‹ ist für sich nicht so bedeutend, dass er unbedingt vor falschem Zugriff gerettet werden muss. Nur wenn wir schon wieder zulassen, dass die Rechten uns unser Sprechen vorschreiben, gehen wir den falschen Weg. Mit den Worten fängt es an, denn sie transportieren Inhalte. Wenn wir darauf verzichten, das Selbstverständliche zu sprechen, dann geben wir Inhalte auf. Das ist das eine.

Das andere: Der Verzicht auf geläufige, ›harmlose‹ Begriffe signalisiert denen, die sie ganz normal gebrauchen: Lasst bloß die Finger – oder die Münder – von den bösen Worten, mit denen stimmt etwas nicht. Und damit bereiten wir den Boden für die, die Begriffe wieder mit rechtem Gedankengut aufladen wollen, weil wir ihnen indirekt recht geben. Wer ›ganz normal‹ von Volk, von Heimat redet und nun gesagt bekommt, dass das alles immer noch in brauner Soße schwimmt, wird sich zu Recht darüber wundern und schließlich empören, dass er in die Nazi-Ecke gedrängt wird.

Ohnehin sind einige sich besonders kritisch gebärdende Zeitgenossen arg schnell bei der Hand mit der ›Entlarvung‹ angeblicher Nazi-Sprache. Die Debatte um den Begriff ›Lügenpresse‹ ist ein bemerkenswertes Beispiel dafür: Die Konjunktur dieses Schimpfworts begann bei Neonazi-Auftritten um die Jahrtausendwende, bekam rasanten Auftrieb mit den Pegida-Demonstrationen und setzte sich mit dem Aufstieg der AfD fort. 2014 wurde es zum ›Unwort des Jahres‹. Und es wurde so eifrig wie eifernd diskutiert, dass dies doch ein Nazi-Begriff sei. Von Joseph Goebbels persönlich in die Welt gesetzt. So stand es – ich weiß nicht mehr wo – zunächst einmal da. Und wurde nachgeplappert, abgeschrieben und schließlich durch Vervielfältigung zu sicherem Wissensbestand.

Ja, Goebbels hat viel und gern über die ›Lügenpresse‹ schwadroniert. Aber er hat den Begriff nicht erfunden, er ist kein Nazibegriff. Eine der frühesten Fundstellen ist die Rede eines Abgeordneten in der französischen Deputiertenkammer 1835. Der meinte nämlich, nur durch »Unterdrückung der Lügenpresse« könne der »wahren Presse aufgeholfen werden.« Im Zuge der 1848er-Revolution wurde der Begriff auch in Deutschland gebräuchlich, und zwar als Schimpfwort konservativ-katholischer Medien gegen demokratisch-liberale Zeitungen. Oft mit dem Adjektiv ›jüdisch‹ garniert oder auch im Wechsel mit dem Begriff ›Schandpresse‹.

Im Ersten Weltkrieg war der Begriff schon sehr verbreitet, da aber in erster Linie gemünzt auf die ausländische, damit feindliche Presse. Und die Nazis haben sich in der Tat in dieser Begrifflichkeit geradezu gesuhlt. Aber da sie diese nicht erfunden hatten, ist es unredlich, den ›Lügenpresse‹-Demonstranten den Gebrauch von Nazi-Vokabular vorzuwerfen. Das ist das falsche Schlachtfeld.

Falsch scheint mir auch die Haltung, dass eine kritische Auseinandersetzung in diesen Zusammenhängen gar nicht möglich sei, weil es um »vorrationale und nicht verhandelbare Begriffe« gehe: »Heimat, Volk, Nation, Wert und Rasse beschreiben keinen Umstand, keine Erscheinung, keine Form, sondern ausschließlich den emotionalen Kern einer Ermächtigung.«[111] Abgesehen davon, dass ich nicht weiß, was der ansonsten sehr geschätzte Kulturkritiker Georg Seeßlen unter dem »emotionalen Kern einer Ermächtigung« versteht, hat er Unrecht mit der These, dass diese Begriffe nicht verhandelbar seien. Ganz abgesehen davon, dass der Verzicht auf eine kritische Auseinandersetzung genau das ist, was die Rechten erreichen wollen. »Es handelt sich um nichts anderes als um einen semantischen Krieg«, sagt Seeßlen. Genau so ist es. Und es ist falsch, sich vom Acker zu machen respektive vom Schlachtfeld davonzustehlen. Kapitulation ist kein Ausweg.

Ein anderes Signal ist nötig, und das lautet: Wir lassen uns die allerselbstverständlichsten Worte nicht von denen stehlen, die sie missbrauchen wollen. Wir führen die Debatte um Worte wie ›Heimat‹, ›Volk‹ und ›Vaterland‹, weil es eine um Inhalte ist. Diese Begriffe hatten eine lange Geschichte, bevor sie nationalistisch aufgeladen wurden, und die Nazipropaganda hat diese Aufladung übernommen und verschärft. Die Frage ist, ob sie dadurch ein für allemal unbrauchbar geworden sind oder ob wir uns darauf besinnen können, was sie für uns bedeuten.

Wobei ich persönlich auf den Inhalt ›Vaterland‹ ganz gut verzichten kann. Da werden Weihe und Pathos gleichsam mitgeliefert, während man in ›Heimat‹ Weihe und Pathos erst hineinpumpen muss. Man kriegt es auch wieder heraus. Die nazifizierte Heimat zum Beispiel wurde gleichsam unter der Hand und ohne allzu große Anstrengung entnazifiziert. Und ›Volk‹ hat so viel Gebrauchswert und einen derart hohen Grad an Selbstverständlichkeit, dass die Nazi-Erbschaft keine Rolle mehr spielt. Sie ist buchstäblich Geschichte.

4 Anhaltendes Bocksgemurmel

Die meisten Menschen haben in aller Regel genug damit zu tun, ihr Leben zu organisieren, finanziell zurechtzukommen, sich in der Gesellschaft einzurichten, in und mit Gemeinschaften – Verwandte, Bekannte, Freunde – auszukommen, sich selbst auszuhalten. Über das, was dieses Leben und die Welt »im Innersten zusammenhält«, lassen sie die Philosophen grübeln, die Pastoren predigen, die Politiker schwadronieren. Das allgemeine Reden über Grundsätze, Werte und ›Leitbegriffe‹ unseres Lebens ist meistens ein Zeichen der Krise.

Die Debatten über Heimat, Volk und Nation wurden im Zuge der industriellen Revolution, in den Umbruchzeiten vor und nach der französischen Revolution, vor und nach der deutschen Revolution von 1848 und nach der Reichsgründung von 1871 besonders intensiv geführt. Es liegt auf der Hand, dass die Umbrüche unserer Zeiten zu vergleichbaren Krisensituationen geführt haben, in denen plötzlich fraglich wird, was man zuvor ungefragt lassen konnte, weil es als irgendwie ›gegeben‹ verstanden wurde.

Es liegt ebenso auf der Hand, dass die anhaltende weltweite Migration ein entscheidendes Element in diesen Debatten ist. Vor allem die Flüchtlingskrise seit Herbst 2015 hat viele Menschen unsicher gemacht. Sie befürchten, dass sich das Land allzu sehr verändert, dass es nicht mehr ihr Land ist. Und die rechte Propaganda schürt solche Gefühle und nutzt sie aus, um ihre Wahnvorstellung von der ›Abschaffung des deutschen Volks‹ unter die Leute zu bringen.

Wobei fast immer übersehen wird, dass die meisten Menschen grotesk falsche Vorstellungen von den weltweiten Fluchtbewegungen haben. Die überwältigende Mehrheit glaubt, dass die entwickelten Länder – vorneweg Deutschland – die meisten Flüchtlinge aufnehmen. Tatsächlich gehen die wesentlichen Fluchtbewegungen nicht von Süden nach Norden, sondern von südlichen in andere südliche Länder. Die meisten Geflüchteten leben in der Türkei, Pakistan, Libanon, Iran, Uganda, Äthiopien und Jordanien.[1]

Solche Erkenntnisse nützen natürlich wenig, wenn Menschen der Eindruck vermittelt wird, dass die Zuwanderung von mehreren Hunderttausend bis zu einer Million und mehr Migranten pro Jahr kein Problem sei. Es ist immer ein Problem, wenn ›Fremde‹ in größerer Zahl in ein System einwandern. Und er ist ziemlich naiv zu glauben oder vorzugeben, dass Einwanderung ausschließlich eine Bereicherung sei. Alle Erfahrung spricht dagegen. Nur: Mit Problemen kann man umgehen. Wer behauptet, sie seien entweder nicht oder nur durch Abschottung zu lösen, will mit Angst und Schrecken Politik machen.

Das eigentliche Problem war und ist die Planlosigkeit in der Flüchtlingspolitik der Bundesregierung. Sie ist schuld an der Fassungslosigkeit und Hysterie vieler Bürger. Die Entscheidung, am 5. September 2015 Flüchtlinge aus Budapest über Österreich nach Deutschland einreisen zu lassen, war aus humanitären Gründen richtig. Die Bundesregierung reagierte auf einen als Drohung zu interpretierenden Hilferuf von Ungarns Regierungschef Orban und auf verzweifelte Notrufe des österreichischen Bundeskanzlers Faymann.

Falsch war hingegen, diese Aktion nicht eindeutig als einmalige Rettungstat zu deklarieren und nicht darauf zu dringen, dass Ungarn am Tag danach wieder alle Flüchtlinge registrieren und versorgen müsse. Das haben Merkel und Faymann zwar gefordert, aber nichts zur Durchsetzung dieser Forderung getan. Falsch war außerdem, den CSU-Vorsitzenden nicht energisch in die Pflicht zu nehmen und damit einen auf Dauer gestellten Konflikt möglich zu machen. Falsch war, nicht rechtzeitig andere europäische Länder zu konsultieren und einzubinden. Nicht Wochen später, sondern noch in der Nacht zum 5. September. Viele hatten den Eindruck, dass Madame Merkel die Richtlinien der europäischen Flüchtlingspolitik bestimmen wolle und alle anderen hinterherdackeln müssten.

Und es war eine kommunikative Katastrophe, im Oktober 2015 in Anne Wills Talkshow zu erklären, es liege »nicht in unserer Macht, wie viele nach Deutschland kommen« – wegen der langen Grenzlinie Deutschlands: »Deutschland hat 3 000 Kilometer Landgrenze, dann müssten wir um diese 3 000 Kilometer einen Zaun bauen – es wird nicht klappen.« Eine Regierungschefin, die erklärt, dass ihre Regierung nicht die Macht hat, Einwanderung zu kontrollieren, leistet einen Offenbarungseid. Die AfD war besoffen vor Freude über so viel freiwillige und völlig kostenlose Wahlhilfe.

Dass Deutschland in diese Situation kam, hat natürlich nicht nur mit den dramatischen Entwicklungen im Herbst 2015 zu tun. Dazu bedurfte es langer Vorbereitung. Das Asylrecht nach Artikel 16 des Grundgesetzes wurde 1993 faktisch abgeschafft. Seither gilt das Asylrecht nicht für Ausländer, die über einen ›sicheren Drittstaat‹ einreisen. Das sind alle Staaten der Europäischen Union und weitere als sicher definierte Herkunftsstaaten. Mit anderen Worten: Nur wer vom Himmel fällt, kann hier Asyl beantragen, denn auf dem Land- oder Seeweg kommt man nicht nach Deutschland.

Drei Jahre vorher war das Dubliner Abkommen unterzeichnet worden, das diese Regelung flankiert. Es besagt, dass der Staat, in welchen der Asylbewerber zuerst eingereist ist, das Asylverfahren durchführen muss. Das führte dazu, dass die südeuropäischen Länder (Griechenland, Italien, Spanien, Portugal) das Problem seither mehr oder weniger allein am Hals haben. Da es nach dem Schengener Abkommen keine Grenzkontrollen in Binneneuropa mehr gibt, wird die Pflicht zur Sicherung der Außengrenzen zur Bekämpfung der illegalen Einwanderung noch verschärft. Funktioniert hat das System allerdings nie so richtig, was dann im September 2015 offenkundig wurde.

Man kann das auch so sagen: »Dublin ist schön. Wir liegen in der Mitte, Außengrenze haben wir nicht, die paar, die mit dem Flugzeug kommen, da werden wir schon mit fertig, und haben natürlich niemals gesagt: Italien und Griechenland, ihr habt's schwer. Sondern haben wir immer auch ein bisschen – muss man sagen – die Augen zugedrückt und gesagt: Wir hatten in den Neunzigerjahren viel, jetzt haben wir mal weniger, dann sollen die an der Außengrenze gucken, wie's geht.« Das ist Angela Merkel im Wortlaut im Oktober 2015. Sage also keiner, die Verantwortlichen hätten nicht gewusst, was sie tun.

Danach kamen regelmäßige Verschärfungen des ohnehin schon rigorosen Asylrechts, vor allem des Aufenthaltsrechts, besonders nach spektakulären Ereignissen wie der Kölner Silvesternacht oder dem Mordanschlag auf einem Berliner Weihnachtsmarkt. Immer wenn etwas passiert, entwickelt die Politik hektische Aktivitäten. Das war beim ersten Asylpaket von 2015 so, als die Flüchtlinge vom Westbalkan im Mittelpunkt des Interesses standen, obwohl sie nur einen geringen Prozentsatz der Gesamtflüchtlingszahl ausmachten. Beim zweiten Asylpaket im Jahre 2016 – also nach der Kölner Silvesternacht – rückten die Maghreb-Staaten in den Fokus. Die sind aber nicht mal unter den ersten zehn der Herkunftsländer.

Wann immer die Aufregung groß ist und der rechte Stammtisch wütet, macht die Politik der Bevölkerung weis, dass man das Problem nun aber ganz bald im Griff habe. Anstatt mit einem ordentlichen Einwanderungsgesetz für klare Verhältnisse zu sorgen und mit einer fairen Außenwirtschafts- und einer wirklichen Friedenspolitik Fluchtursachen wirksam zu bekämpfen und nicht immer nur darüber zu reden. Wobei klar ist, dass der Weg aus der Krise des europäischen Asylsystems nur ein gesamteuropäischer sein kann.

Einwanderung muss organisiert werden, offene Grenzen für alle kann kein sinnvolles Projekt sein, erst recht kein linkes. Auch wenn es im Programm der Linkspartei steht. Links bedeutet internationale Solidarität, Eintreten für das Selbstbestimmungsrecht der Völker und für ein lebenswertes Leben für alle in ihrer Heimat. Nicht in Deutschland.

Wir befinden uns in einem Zeitalter neuer weltweiter Völkerwanderungen, und es wäre naiv zu glauben, dass Migration verhindert, gestoppt oder dass Migrationsbewegungen umfassend gesteuert werden könnten. Die Flucht vor Krieg und Terror sowieso nicht, die vor Armut und Hunger aber auch nicht. Da es aber – in allen Ländern dieser Welt – natürliche Grenzen für die Aufnahme von Migranten gibt, ist es sinnvoll, Migration zu minimieren. Indem man ihre Ursachen beseitigt.

»Fluchtursachen beseitigen« ist in der gegenwärtigen Politik eine beliebte Parole. Würde sie ernst genommen, hieße das: Kriege beseitigen, Waffenhandel verbieten, unhaltbare soziale Zustände beseitigen, Hunger und Armut beseitigen. Natürlich macht sich niemand an eine solche Mammutaufgabe, weil niemand weiß, wie sie zu bewältigen wäre. Fluchtursachen bekämpfen heißt gegenwärtig zum Beispiel, deutschen Firmen neue Absatzmärkte vor allem in Afrika zu erschließen. Afrika bleibt Lieferant von Rohstoffen und Abnehmer von Produkten. Solange das nicht radikal geändert wird, wird es weiter Armutsmigration geben.

Wie gehen wir mit dieser Situation um? Die AfD ist nicht vom Himmel gefallen. Schon in den Neunzigerjahren machten Parolen wie »Das Boot ist voll« die Runde, und sie stammen aus Union und SPD, aus der bürgerlichen Mitte. Erst als ein größer werdender Teil der Bevölkerung den Eindruck bekam, die Bundesregierung wolle das Problem gar nicht sehen und sich erst recht nicht drum kümmern, kam der große Schub für die Rechtsfront, die es immer schon gab. Nur hat die Mehrheit dieser Gesellschaft das Problem gerne weggelogen und so getan, als gäbe es halt ein paar Unbelehrbare am äußersten rechten Rand, die aber ideologisch gleichsam in der Luft hingen und kein gesellschaftliches Fundament hätten. Dabei hat es in dieser Republik über den rechtsradikalen Kern hinaus immer schon ein Potenzial von zehn bis fünfzehn Prozent von Reaktionären und Deutschnationalen gegeben. Dieses Potenzial muss nur aktiviert werden. Die AfD hat das geschafft.

Das heißt: Wir können es uns nicht weiter in unserer Schlafwagendemokratie gemütlich machen, sondern wir müssen ran an den Feind. Dass der durch die AfD-Präsenz auch im Bundestag nun sichtbarer geworden ist, muss ja nicht schlecht sein. Wer sich bisher am rechten Rand der etablierten Parteien versteckt hat, wird nun sichtbar. Und angreifbar.

Wobei der Zulauf zur AfD und allerlei anderen rechten Vereinen und Bünden aus allen möglichen Ecken, vor allem auch Zustimmung von relativ jungen Wählern, nicht ausschließlich auf Rechtspopulismus reduziert werden kann. Wie passt das zusammen: dass sich Nationalkonservative und Marktradikale, christliche Fundamentalisten und DDR-Nostalgiker, Xenophobe und Homophobe unter einer Fahne versammeln? Es passt gar nicht zusammen. Muss aber auch nicht. Sammlungsbewegungen haben es so an sich, dass sich in ihnen alles Mögliche sammelt. Auch allerlei Widersprüchliches.

Einigermaßen logisch ist, dass sich bei der AfD die Marktfundamentalisten wiederfinden, die sich bei der FDP nicht mehr zu Hause fühlten. Schwächung des Sozialstaates, Stärkung der Marktkräfte, das passt wunderbar zur EU-Gegnerschaft der AfD. Und mit der Forderung der Rückkehr zur D-Mark fängt man diejenigen, die sich mit Veränderungen grundsätzlich nicht zurechtfinden und es sich in der Sehnsucht nach dem Gestern gemütlich machen.

Da haben wir dann gleichzeitig die Brücke zu den Rechtskonservativen, die sich in der CDU nicht mehr aufgehoben fühlen. Wer gegen Gleichberechtigung, Frauenquote, Einwanderung, generell gegen Flüchtlinge, gegen Homo-Ehe und Homosexualität überhaupt ist, der kommt in der heutigen CDU – jedenfalls programmatisch – nicht mehr vor. Was man der Partei ja nun nicht zum Vorwurf machen sollte. Nur: Die Kundschaft ist immer noch da, und sie wird jetzt von einem anderen Anbieter bedient.

Dazu kommt bei vielen das Gefühl, dass ›die da oben‹ ja sowieso machen, was sie wollen, dass der ›kleine Mann‹ in der Politik nicht vorkommt, dass die politischen Eliten die wirklichen Themen verschweigen oder unterdrücken – Grenzkriminalität, Überfremdung, Eurokrise – und insgesamt keine Antwort auf das Unbehagen angesichts der allgemeinen Unübersichtlichkeit der modernen Welt haben.

Das alles sind nicht unbedingt generationsspezifische Themen, weshalb auch viele jüngere Menschen zur AfD laufen.

Und das allgemeine Unbehagen an der modernen Gesellschaft ist auch nicht unbedingt parteipolitisch verortet, weshalb Wähler eben von allen Parteien zur AfD gewandert sind. Auch von der Linkspartei, was zunächst besonders verblüffen mag. Aber das offensive Lob der inneren Sicherheit der DDR, der Kinderbetreuung und anderer staatlicher Einrichtungen hat genau die erreicht, die sich ihre DDR-Vergangenheit nicht permanent schlechtreden lassen wollen. So passt dann doch irgendwie zusammen, was eigentlich nicht zusammenpassen kann.

Kristallisationsthema für dieses Gemenge an Unbehagen ist am Ende die Fremdenangst. Die ist archaischer Bestandteil in jedem von uns, sie überwiegt meistens die Neugier auf das andere, das Fremde. Entscheidend ist, ob aus Fremden*angst* Fremden*feindlichkeit*, gar Hass wird. Und auch diese Entwicklung haben nicht die Rechtsaußen dieser Gesellschaft befördert, sondern das war die Leistung des Sozialdemokraten Thilo Sarrazin, der mit seinem Buch *Deutschland schafft sich ab* den Weg bereitet hat. Fremdenangst und Alltagsrassismus waren ab da endgültig hoffähig geworden, weil dem Dunst des Stammtischs entronnen.

Wie alltagstauglich Rassismus inzwischen geworden ist, zeigte FDP-Chef Christian Lindner in seiner berühmt-berüchtigten Erzählung vom Brötchenholen. Der Wortlaut dieser Passage seiner Parteitagsrede vom 12. Mai 2018: »Man kann beim Bäcker in der Schlange nicht unterscheiden, wenn einer mit gebrochenem Deutsch ein Brötchen bestellt, ob das der hochqualifizierte Entwickler künstlicher Intelligenz aus Indien ist oder eigentlich ein sich bei uns illegal aufhaltender, höchstens geduldeter Ausländer. Damit die Gesellschaft befriedet ist, müssen die anderen, die in der Reihe stehen, damit sie nicht diesen einen schief anschauen und Angst vor ihm haben, müssen sich alle sicher sein, dass jeder, der sich bei uns aufhält, sich legal bei uns aufhält. Die Menschen müssen sich sicher sein, auch wenn jemand anders aussieht und noch nur gebrochen Deutsch spricht, dass es keine Zweifel an seiner Rechtschaffenheit gibt. Das ist die Aufgabe einer fordernden, liberalen rechtsstaatlichen Einwanderungspolitik.«

Wir verstehen also richtig: Die Menschen haben Angst, wenn jemand anders aussieht und nicht fließend Deutsch spricht, weil das die Voraussetzungen dafür sind, dass sich jemand illegal in Deutschland aufhält. Und illegal heißt offenbar kriminell, gewalttätig, gefährlich. Das ist die präzise Definition von Fremdenfeindlichkeit. Lindner hat später versucht, sich damit herauszureden, dass er nur berichtet habe, was ihm ein Bekannter – ein Migrant – erzählt habe. Und was soll das ändern?

Aber Lindner kennt ja einen Ausweg: Alle Zweifel an der ›Rechtschaffenheit‹ des anders aussehenden und gebrochen sprechenden Brötchenholers sollen ausgeräumt werden dadurch, dass sich keiner mehr illegal in Deutschland aufhält. Nur wie nehmen wir den Menschen beim Bäcker die Angst? Denn der legal sich Aufhaltende sieht ja immer noch anders aus und spricht immer noch gebrochen. Muss also jeder, der so auftritt, ein Schild vor der Brust tragen: »Ich bin legal«? Und vor allem: Ist Christian Lindner so kreuzdumm wie das von ihm Vorgetragene oder merkt er schon gar nicht mehr, dass er ein Propagandist des grassierenden Alltagsrassismus ist?

Boris Palmer, der grüne Oberbürgermeister von Tübingen, macht gerne mit bewegenden Berichten über seine Gefühlslage von sich reden, wenn er ›anders‹ aussehende Menschen trifft. Und wenn er kritisiert wird, erklärt er, dass ›die Leute‹ nun mal so denken. Im Mai 2018 konnte er von einem Radfahrer mit dunkler Hautfarbe berichten, der ihn wohl mächtig genervt hat. »Der Typ« sei »mit nacktem Oberkörper, Kopfhörer und einer unglaublichen Dreistigkeit um die Leute rumgekurvt«. Ein solches Verhalten gehöre sich »für niemanden und für einen Asylbewerber schon dreimal nicht«.

Gut möglich, dass Palmer auch dieses Mal so fühlte wie ›die Leute‹. Nämlich dass jemand mit dunkler Hautfarbe Asylbewerber sein *muss* und dass Asylbewerber sich gefälligst dreimal besser zu benehmen haben als Deutsche. Eine saubere inhaltliche Definition von Rassismus. Dass es den gibt, weiß jeder. Dass Politiker ihn auf diese plakative Weise salonfähig machen, ist eher neu. Palmer war über die Reaktionen auf seine Äußerungen erschrocken und entschuldigte sich: »Ich würde das heute so nicht mehr sagen.« Das beruhigt natürlich ungemein.

Zumal Palmer dann dem staunenden Publikum erklärte, was er aus dem Vorfall im Flüchtlingslager Ellwangen Anfang Mai 2018 gelernt habe, wo Heimbewohner sich – zunächst erfolgreich – gegen die Abschiebung eines Mitbewohners gewehrt hatten. Er habe gelernt, dass »Angehörige einer Gruppe, die traditionell über Jahrhunderte hinweg entrechtet und verfolgt wurde, Menschen schwarzer Hautfarbe, auch zu Tätern werden können«.[2] Man muss sich schon ernsthaft Sorgen machen um einen deutschen Spitzenpolitiker, dem ein Ereignis im Jahre 2018 zu der Erkenntnis verhalf, dass auch Angehörige einer verfolgten Gruppe kriminell sein können. In welcher Welt lebt dieser Mann, dass er ernsthaft glaubte, ›traditionell‹ Entrechtete seien bessere Menschen? Müssen wir ihm jetzt schonend beibringen, dass auch Juden Diebe und Mörder sein können? Dass sogar unter den verfolgten Christen in Nordkorea und Afghanistan Straftäter sind? Möglicherweise ist es ja diese Weltfremdheit, die dazu führt, dass latenter Rassismus in Ernstfall aktualisiert werden kann.

Bei solchen Vorlagen fällt schon gar nicht mehr auf, wenn ein CSU-Politiker, noch dazu einer wie Alexander Dobrindt, so nebenbei von ›Anti-Abschiebe-Industrie‹ redet und damit die

Anwälte, Organisationen und privaten Helfer diskriminiert, die Asylbewerber bei der Wahrnehmung ihrer Rechte unterstützen. Die alle betreiben nach Dobrindts Meinung also ein industriell organisiertes Geschäft zur Verhinderung von Abschiebungen und zur Maximierung ihres Profits. Abgesehen davon, dass Dobrindt offenbar nicht weiß, was Rechtsstaat bedeutet, oder sagen will, dass ihm dieser Rechtsstaat schnuppe ist, wenn sein Recht für alle gilt.

Es ist schon bemerkenswert, was man in diesem Lande so alles glaubt sagen zu können. Natürlich ernten die Herrschaften Widerspruch, aber allein dass sie auf die Idee kommen, ein Zeug abzusondern, dass in normalen Zeiten nur zu vorgerückter Stunde in Jahrmarkt-Bierbuden oder hinter den Zelten des Oktoberfests gelallt wird, sollte nachdenklich machen.

Hinter all dem steht, in welcher Variante auch immer, die Vorstellung, dass das ›deutsche Volk‹, wie auch immer definiert, bedroht sei und sich gegen diese Bedrohung behaupten müsse. Vor fünfundzwanzig Jahren erklärte der Schriftsteller Botho Strauß in seinem *Spiegel*-Essay *Anschwellender Bocksgesang*: »Dass ein Volk sein Sittengesetz gegen andere behaupten will und dafür bereit ist, Blutopfer zu bringen, das verstehen wir nicht mehr und halten es in unserer liberal-libertären Selbstbezogenheit für falsch und verwerflich.« Von ›Blutopfer‹ wird heute nicht mehr – oder noch nicht wieder – geredet. Aber wenn die Rechtsfront von Volk und Land und Bewahrung redet, dann meint sie genau das.

Vor allem die intellektuelle rechte Bewegung, die sich gerne auf Ernst Jünger, Carl Schmitt, Arthur Moeller van den Bruck und andere rechte Vordenker beruft, benutzt ziemlich genau den Argumentationsduktus, den Strauss vor fünfundzwanzig Jahren vorgegeben hat. Strauss beklagt die Beliebigkeit der unheroischen Moderne und die angebliche kulturelle Hegemonie der Linken und propagiert die Zukunft einer eher geistigen als politischen Rechten: »Anders als die linke, Heilsgeschichte parodierende Phantasie malt sich die rechte kein künftiges Weltreich aus, bedarf keiner Utopie, sondern sucht den Wiederanschluss an die lange Zeit, die unbewegte, ist ihrem Wesen nach Tiefenerinnerung und insofern eine religiöse oder protopolitische Initiation.« ›Wiederanschluss‹ meint Rückgriff auf die antike griechische Tragödie, wörtlich: Bocksgesang. »Von der Gestalt der künftigen Tragödie wissen wir nichts. Wir hören nur den lauter werdenden Mysterienlärm, den Bocksgesang in der Tiefe unseres Handelns. Die Opfergesänge, die im Inneren des Angerichteten schwellen.« Mit dem Opferkult des Bocksgesangs kann Strauß auch Rassismus erklären: »Rassismus und Fremdenfeindlichkeit sind ›gefallene‹ Kultleidenschaften, die ursprünglich einen sakralen, ordnungsstiftenden Sinn hatten.« Wohlgemerkt: ordnungsstiftend für die Gemeinschaft. »Der Fremde, der Vorüberziehende wird ergriffen und gesteinigt, wenn die Stadt in Aufruhr ist. Der Sündenbock als Opfer der Gründungsgewalt ist jedoch niemals lediglich ein Objekt des Hasses, sondern ebenso ein Geschöpf der Verehrung: Er sammelt den einmütigen Hass aller in sich auf, um die Gemeinschaft davon zu befreien.«[3]

Wir haben hier all das dunkle Raunen, das rechte Ideologie grundiert, hübsch irrational zurechtgemacht ist, adrett intellektuell zugerichtet, kostümiert als ›Mysterienlärm‹, sodass es auch die ›feineren‹ rechten Kreise anspricht. Mit diesem Grundgeräusch von Mythos und alter Herkunft, auch wenn es ausnahmsweise mal kein germanisches ist, ist auch heutiges rechtes Denken und Sprechen unterlegt. Vielleicht nicht laut genug für einen ›anschwellenden Bocksgesang‹, aber doch als anhaltendes Bocksgemurmel, das hierzulande nie ganz verklungen ist.

Die Aufregung über Torheiten und dumpfe Sprüche von AfD-Parlamentariern mag berechtigt und verständlich sein. Nur bewegt sich das im Rahmen des demokratischen Diskurses, ist also öffentlichem Widerspruch ausgesetzt. Wirklich gefährlich ist aber der Einfluss einer rechten Ideologie, die gegen die Prinzipien der Aufklärung antritt, gegen Meinungspluralismus, gegen das Gleichheitsprinzip und gegen die Geltung allgemeiner Menschenrechte. Diese Form von Verfassungsfeindlichkeit kommt eher still und schleichend daher, und sie arbeitet genau mit der systematischen Volksverdummung durch Besetzung von Begriffen, die Gegenstand dieser Analyse ist.

Epilog: Wo wir uns finden wohl unter Linden

Wo sind unsre Lieder, unsre alten Lieder? Sie sind natürlich noch da. Für alle, die sie singen wollen. Die alten Lieder, die ja für viele Menschen einiges zu tun haben mit ihrem Selbstverständnis, mit Erinnerungen nicht nur an Kindheit und Jugend, die Sprache vermitteln und Weltsicht – die können nicht alle unter Naziverdacht stehen, nur weil zwischen 1933 und 1945 eben auch die alten Lieder gesungen wurden.

Das war ja auch der Grund, warum es Folk-Gruppen wie Zupfgeigenhansel, Ougenweide, Liederjan gab oder gibt, die ›alte Lieder‹ wiederentdeckt und popularisiert haben, oder warum linke Sänger wie Hannes Wader immer wieder auf Traditionen zurückgreifen, die weder durch ›volkstümliche‹ Kommerzialisierung noch durch ›Missbrauch‹ kaputtgemacht werden konnten.

Kein schöner Land in dieser Zeit ist für die, die es singen und hören mögen, nicht Nazideutschland. Und »wo wir uns finden wohl unter Linden«, das sind Orte des Miteinanders, sofern die Linden nicht von allzu ›modernen‹ Menschen abgehackt wurden und es nicht ringsum nach Geisterstadt aussieht mit Häusern, deren Fachwerk- oder Bruchstein-Fassaden mit Eternit-Platten vernagelt wurden.[1] Lieder wie *Es dunkelt schon in der Heide* oder *Und in dem Schneegebirge* oder *Abendstille überall* mögen auch in Nazi-Liederbüchern gestanden haben. Aber sie sind dadurch nicht unsingbar geworden.

Besonders schwierig wird es mit Liedern, die ganz harmlos daherkommen wie *Und die Morgenfrühe, das ist unsere Zeit* oder *Es geht eine helle Flöte*. Die schmecken nach Wandervogel und Jugendbewegung und sind doch gedichtet von Hans Baumann, einem überzeugten Nazi, der den SA-Schlager *Es zittern die morschen Knochen* verbrochen hat. Was macht das mit einem Frühlingslied wie dem von der hellen Flöte? Ist das vergiftet?

Oder was machen wir mit Hans Carossa, den Hitler zu den sechs wichtigsten deutschen Schriftstellern erklärte und in die Sonderliste der ›Gottbegnadeten-Liste‹ aufnahm? Carossas Gedichte in den Giftschrank? Die von Gottfried Benn gleich mit, der sich – dummerweise vergebens – den Nazis andiente? Die Werke von Carl Schmitt und Martin Heidegger in die Jauchegrube? Wir haben uns daran gewöhnt, sehr differenziert mit diesen Fragen umzugehen. Wir sollten es mit Begriffen und ihrer Geschichte auch tun.

Eine der merkwürdigsten Geschichten, was alte Lieder betrifft, hat das *Lied der Deutschen* erlebt. Hoffmann von Fallersleben hat es am 26. August 1841 auf Helgoland geschrieben, damals noch britisches Staatsgebiet. Es wurde in den Vierzigerjahren des 19. Jahrhunderts viel gesungen, gehörte zu den Liedern des Vormärz, war bei Burschenschaftern und Freisinnigen beliebt. Freilich: Als die von bürgerlichen Liberalen ersehnte deutsche Einheit 1871 kam, wurde das *Lied der Deutschen* nicht die Hymne des Kaiserreichs. Dem Kaiser gefiel *Heil dir im Siegerkranz* besser.

Das hat Hoffmanns Lied allerdings nicht geschadet, es wurde besonders in deutsch-nationalen Kreisen zu einer Art Volkslied, und als im August 1890 Helgoland deutsch wurde, war das »Deutschland, Deutschland über alles« die offizielle Hymne für den Staatsakt. 1901 schloss der Kaiser seine Rede zur Immatrikulation des Kronprinzen an der Universität Bonn mit den

Worten »Deutschland, Deutschland über alles«, im selben Jahr wurde das Lied in Gegenwart des Kaisers bei der Enthüllung des Bismarck-Denkmals vor dem Berliner Reichstag gespielt, den vorläufigen Höhepunkt seiner Karriere erreichte es im Ersten Weltkrieg.

Die Deutsche Heeresleitung meldet am 11. November 1914 nach der Schlacht von Langemarck: »Westlich Langemarck brachen junge Regimenter unter dem Gesange ›Deutschland, Deutschland über alles‹ gegen die erste Linie der feindlichen Stellungen vor und nahmen sie.« An diesem Bericht stimmt zwar historisch fast nichts, aber er benennt recht präzise, woher die Beliebtheit dieses Liedes rührt und wozu sie eingesetzt werden konnte: Zur Glorifizierung eines der entsetzlichsten Gemetzels der Militärgeschichte. Bemerkenswert dabei auch: Das *Lied der Deutschen* macht seine beachtliche Karriere nahezu ausschließlich mit der ersten Strophe, und zwar in eindeutiger Interpretation derselben. Deutschland soll als politische und militärische Macht über allen anderen stehen.

»Deutschland, Deutschland über alles« – für Friedrich Nietzsche die »blödsinnigste Parole, die je gegeben worden ist«, für Kurt Tucholsky ein »törichter Vers eines großmauligen Gedichts« – erst in der Weimarer Republik wurde dieses Lied zur Nationalhymne, und zwar die dritte Strophe. Bei den Nazis war dann nur noch die erste Strophe erlaubt, sie bildete seit 1940 zusammen mit dem *Horst-Wessel-Lied* die Nationalhymne des Dritten Reiches. »Deutschland, Deutschland über alles« und »Die Fahne hoch, die Reihen fest geschlossen, SA marschiert« – das passte für die Nazis ganz gut zusammen. Nach dem Zweiten Weltkrieg verboten die Alliierten *beide* Lieder und zogen damit unmissverständlich die Konsequenz aus der Karriere von Hoffmanns *Lied der Deutschen*. Eine Konsequenz, die deutsche Nachkriegspolitiker so schlicht nicht ziehen wollten.

Zwar setzte sich Innenminister Gustav Heinemann für ein ›neues Staatslied‹ ein, und Bundespräsident Theodor Heuss ließ sogar eins dichten und komponieren. Er schrieb an Bundeskanzler Adenauer: »Als mich die Frage nach einer Nationalhymne bewegte, glaubte ich, dass der tiefe Einschnitt in unserer Volks- und Staatengeschichte einer neuen Symbolgebung bedürftig sei, damit wir vor der geschichtlichen Tragik unseres Schicksals mit zugleich reinem und freiem Herzen, in klarer Nüchternheit des Erkennens der Lage bestehen werden.«[2] Aber zu diesem Zeitpunkt hatte Adenauer längst Fakten geschaffen und mit einem Federstrich die dritte Strophe des *Deutschlandlieds* als Hymne durchgesetzt. Heuss kapitulierte: »Ich weiß heute, dass ich mich täuschte. Ich habe den Traditionalismus und sein Beharrungsbedürfnis unterschätzt.«

Und so wurde ein Lied, das wie kaum ein zweites von den Nazis geschunden und missbraucht worden war und als Symbol der mörderischen Politik Hitlers in die Geschichte eingegangen war, zur Hymne der Bundesrepublik und blieb es auch nach der Einheit Deutschlands, wieder ohne große Diskussion. Eine solche wäre aber dringend nötig gewesen: Ein vereinigtes, neues Deutschland hätte nicht nur, wie oben erwähnt, eine neue Verfassung, sondern auch neue Symbole verdient gehabt, in erster Linie eine neue Hymne. Der »Traditionalismus und sein Beharrungsbedürfnis« haben zum zweiten Mal gesiegt.

Ich habe damit bis heute große Schwierigkeiten, die meisten meiner Mitbürger offenbar nicht. Aber vielleicht könnte man mit Blick auf das *Deutschlandlied* ein wenig vorsichtiger und differenzierter mit dem Etikett ›von den Nazis missbraucht und deshalb unbrauchbar‹ umgehen.

Und weil man sie nicht oft genug zitieren kann, sollen an diesem Ende alle vier Strophen von Bertolt Brechts *Kinderhymne* stehen, auch wenn – nein, gerade weil! – darin so merkwürdige

Wörter wie ›Anmut‹ und ›Würde‹ und ›Leidenschaft‹ und ›lieben‹ und ›Völker‹ im Zusammenhang mit Deutschland vorkommen.

Anmut sparet nicht noch Mühe,
Leidenschaft nicht noch Verstand,
dass ein gutes Deutschland blühe,
wie ein andres gutes Land.

Dass die Völker nicht erbleichen
wie vor einer Räuberin,
sondern ihre Hände reichen
uns wie andern Völkern hin.

Und nicht über und nicht unter
andern Völkern wolln wir sein,
von der See bis zu den Alpen,
von der Oder bis zum Rhein.

Und weil wir dies Land verbessern,
lieben und beschirmen wir's.
Und das liebste mag's uns scheinen
so wie andern Völkern ihrs.

Literaturverzeichnis

Adorno, Theodor W.: Zum Gedächtnis Eichendorffs, In: Noten zur Literatur I, Frankfurt/Main 1968.

Akten zur Deutschen Auswärtigen Politik, Serie D: 1937–1941, Band 7: Die letzten Wochen vor Kriegsausbruch, Baden-Baden 1956.

Alter, Peter: *Nationalismus*, Frankfurt/Main 1985.

Améry, Jean: *Wieviel Heimat braucht der Mensch?* In: Jenseits von Schuld und Sühne. Bewältigungsversuche eines Überwältigten, München 1966.

Anonymer Verfasser: Der Patriot, Jg. 1724, Buchausgabe Hamburg 1747.

Arndt, Ernst Moritz: *Blick aus der Zeit auf die Zeit*, Frankfurt/Main 1814.

Bächtold-Stäubli, Hanns (Hg.): Handwörterbuch des deutschen Aberglaubens, Band 8, Berlin 2000.

Bahners Patrick: *Nicht in unserem Haus*, Frankfurter Allgemeine Zeitung, 19.03.2001.

Bastian, Andrea: *Der Heimat-Begriff. Eine begriffsgeschichtliche Untersuchung in verschiedenen Funktionsbereichen der deutschen Sprache*, Tübingen 1995.

Bausinger, Hermann: *Heimat und Identität*, In: Köstlin, Konrad/Bausinger, Hermann (Hg.): Heimat und Identität. Probleme regionaler Kultur, Neumünster 1980, S. 9–24.

Bausinger, Hermann: *Kulturelle Identität*, Bonn 1982.

Bausinger, Hermann: *Heimat in einer offenen Gesellschaft*, In: Heimat. Analysen, Themen, Perspektiven, Bonn 1990, S. 76–90.

Bausinger, Hermann: *Heimat? Heimat!* der blaue reiter – Journal für Philosophie 23 (1/2007), S. 6–10.

Beckedahl, Markus: *Was fehlt? Dirk von Gehlen sagt: Ein Heimat- und Brauchtumsverein für das Netz*, netzpolitik.org, 08.12.2016.

Belschner, Wilfried/Grubitzsch, Siegfried/Leszcynski, Christian/Müller-Dohm, Stefan (Hg.): *Wem gehört die Heimat?* Opladen 1995.

Bienek, Horst: *Heimat. Neue Erkundungen eines alten Themas*, München 1985.

Bismarck; Otto von: *Reichstagsrede von 16.6.1873*, In: Gesammelte Werke, Band 11, Berlin 1929, S. 339ff.

Bloch, Ernst: *Kritik der Propaganda*, Die neue Weltbühne, 29.04.1937, S. 552ff.

Bloch, Ernst: *Das Prinzip Hoffnung*, Frankfurt/Main 1959

Bloch, Ernst: Über Ungleichzeitigkeit, Provinz und Propaganda, In: Gespräche mit Ernst Bloch, Frankfurt 1975, S. 196ff.

Bloch, Ernst: *Erbschaft dieser Zeit*, Frankfurt/Main 1961.

Bloch, Ernst: *Sokratisches zu Berufsverbot und Studentenbewegung*, In: Reinicke, Helmut (Hg.): Revolution der Utopie. Texte von und über Ernst Bloch, Frankfurt/Main 1979.

Bloch, Ernst: *Atheismus im Christentum*, Frankfurt/Main 1969.

Böning, Holger: *Das ›Volk‹ im Patriotismus der deutschen Aufklärung*, In: Goethezeitportal (www.goethezeitportal.de/db/wiss/epoche/boening_volk.pdf).

Bredow, Helfried W./ Foltin, Hans-Friedrich: *Zwiespältige Zufluchten. Zur Renaissance des Heimatgefühls*, Berlin 1981.

Bröning, Michael: *Lob der Nation*, Bonn 2018.

Brockhaus-Enzyklopädie, 20. Auflage, Band 9, Leipzig, Mannheim 1997.

Brunner, Otto/Conze, Werner/Koselleck, Reinhart (Hg.): *Geschichtliche Grundbegriffe*, Band 1, Stuttgart 1972. Band 7, Stuttgart 1978.

Büchner, Georg: *Dantons Tod*. Stuttgart 1968

Campe, Joachim Heinrich: *Wörterbuch der deutschen Sprache*, Band 5, Braunschweig 1811.

Chotjewitz, Peter O.: *Das Kunststück, kein Deutscher zu sein*, der Freitag, 30.03.2001.

Darré, Richard Walther: *Neuadel aus Blut und Boden*, München 1930.

Darré, Richard Walther, Monatsschrift Deutsche Agrarpolitik, Juli 1932. Scherer, Irene/Schröter, Welf (Hg.): *Wer ist das Volk?* (Latenz, Journal für Philosophie und Gesellschaft, Arbeit und Technik, Kunst und Kultur 01/2016). Mössingen-Talheim 2016.

Di Blasi, Luca: *Wir sind das Volk*. In: Scherer/Schröter (Hg.), Wer ist das Volk? S. 70 ff.

Diefenbach, Lorenz: *Glossarium latino-germanicum*, Frankfurt/Main 1857.

Dietschy, Beat: *Heimat zwischen Lebenswelt, Nationalismus und emanzipatorischem Leitbild*, In: Ernst Bloch und die Heimat. Jahresheft der Ernst-Bloch-Gesellschaft 1990.

Dorn, Thea: *Deutsch, nicht dumpf*, München 2018.

Egger, Simone: *Heimat. Wie wir unseren Sehnsuchtsort immer wieder neu erfinden*, München 2014.

Fichte, Johann Gottlieb: *Bedenken über einen ihm vorgelegten Plan zu Studentenvereinen*, In: Johann Gottlieb Fichte's Leben und literarischer Briefwechsel, Sulzbach 1831.

Frank, Karl Hermann: *Denkschrift über die Behandlung der*

Tschechoslowakei vom 31.8.1940, In: Der Nürnberger Prozess, Band 17, Nürnberg 1948, S. 78.
Freiligrath, Ferdinand: Werke, Band 2, Leipzig, Wien 1912.
Freytag, Gustav: *Soll und Haben*, München 1977.
Frymann, Daniel: *Wenn ich der Kaiser wär'*, Leipzig 1912.
Gabriel, Sigmar: *Sehnsucht nach Heimat*, Der Spiegel, 16.12.2017.
Gebhard, Gunther/Geisler, Oliver/Schröter, Steffen (Hg.): *Heimat. Konturen und Konjunkturen eines umstrittenen Konzepts*, Bielefeld 2007.
Goethe, Johann Wolfgang: *Die Leiden des jungen Werthers*, In: Sämmtliche Werke, Band 14, Stuttgart 1840.
Götze, Alfred/Mitzka, Walther (Hg.): *Trübners deutsches Wörterbuch*, Band 7, Berlin 1956.
Grimm, Jacob/Grimm Wilhelm: *Deutsches Wörterbuch*, Band 26, München 1951.
Grillparzer, Franz: *Epigramme*, In: Sämtliche Werke, Band 1, München 1960.
Grabbe, Christian Dietrich: *Die Hermannsschlacht*, Berlin 2013.
Grass, Günter, In: Mitscherlich, Alexander/Kalow, Gert (Hg.): Hauptworte – Hauptsachen – Zwei Gespräche: Heimat Nation, München 1971.
Greiner, Ulrich: *Zweierlei Maß*, Die Zeit, 22.03.2018.
Gumbrecht, Hans Ulrich: *Gibt es noch Heimat?* FAZblog, 28.02.2013.
Gutsch, Jochen-Martin: *Sauerkrauthobel*, Der Spiegel, 17.03.2018.
Habeck, Robert: Über Heimat, T-Online, 25.03.2018.
Habeck, Robert: *Der Kluge sucht die Offensive*, Süddeutsche Zeitung, 07.03.2018.
Habermas, Jürgen: *Vorpolitische Grundlagen des demokratischen Verfassungsstaates?* In: Zwischen Naturalismus und Religion. Philosophische Aufsätze, Frankfurt/Main 2009.

Hartung, Günter: *Völkische Ideologie*, In: Handbuch zur ›Völkischen Bewegung‹ 1871–1918, München 1996, S. 22ff.

Haß-Zumkehr, Ulrike: *Wörterbücher im Dienst der NS-Propaganda*, In: Deutsche Wörterbücher – Brennpunkt von Sprach- und Kulturgeschichte, Berlin 2001.

Heine, Heinrich: *Deutschland, ein Wintermärchen*, In: Neue Gedichte, Hamburg 1844.

Herder, Johann Gottfried: *Briefe zur Beförderung der Humanität*, In: Sämtliche Werke, Band 17, Berlin 1877.

Hermand, Jost: *Der alte Traum vom neuen Reich*, Weinheim 1995.

Hitler, Adolf: *Zum Wiedererstehen unserer Bewegung*, Völkischer Beobachter, 26.02.1925.

Hitler, Adolf: *Mein Kampf*, München 1943.

Hofmannsthal, Hugo von: *Briefwechsel*, Frankfurt/Main 1972.

Hoffmann, Lutz: *Das ›deutsche Volk‹ als Integrationsideologie und seine historische Entwicklung*, In: Die Wiedergeburt des nationalistischen Denkens. Gefahr für die Demokratie? Bonn 1995.

Horkheimer, Max: *Notizen 1949–1969*, In: Gesammelte Schriften, Band 6, Frankfurt/Main 1974, S. 189ff.

Hugo, Victor: *An das junge Frankreich*, In: Sämmtliche Werke, Band 9: Oden und Gedichte. Deutsch von Ferdinand Freiligrath, Frankfurt/Main 1836.

Jahn, Friedrich Ludwig: *Deutsches Volksthum*, Lübeck 1810.

Jahn, Friedrich Ludwig: Über Volkshass und den Gebrauch einer fremden Sprache, Leipzig 1813.

Jacoby, Johann: *Das Ziel der Arbeiterbewegung*, Berlin 1870.

Jordan, Wilhelm: *Rede vom 24.7.1848*, In: Franz Wigard: Stenographischer Bericht über die Verhandlungen der Deutschen Constituirenden Nationalversammlung, Frankfurt/Main 1848.

Jünger, Ernst: *Vorwort*, In: Friedrich Georg Jünger: Aufmarsch des Nationalismus, Leipzig 1926.

Kahl, Hans-Dietrich: *Wendentum und christliche Stammesfürsten*, In: Archiv für Kulturgeschichte 44 (1962).

Kaschuba, Wolfgang: *Arbeiterbewegung – Heimat – Identität*, Tübinger Korrespondenzblatt 20 (1979), S. 11–15.

Klueting, Edeltraud: *Antimodernismus und Reform. Zur Geschichte der deutschen Heimatbewegung*, Darmstadt 1991.

Kracht, Hajo von: *Heimat*, Kommune, 02.03.1984.

Kratzer, Hans: *Das süße Gift*, Süddeutsche Zeitung, 05.12.2011.

Kronsbein, Joachim: *Lokalhelden*, Der Spiegel Wissen ›Heimat‹, Dezember 2016, S. 31ff.

Lagarde, Paul de: *Die nächsten Pflichten deutscher Politik*, In: Deutsche Schriften, Band 5, Göttingen 1920.

Lagarde, Paul de: Über die gegenwärtige Lage des deutschen Reiches, In: Deutsche Schriften, Band 5, Göttingen 1920.

Langbehn, Julius: *Rembrandt als Erzieher*, Weimar 1922.

Lassalle; Ferdinand: *Der Italienische Krieg und die Aufgabe Preußens*, Berlin 1859.

Lessing, Gotthold Ephraim: *Vorbericht zu den preußischen Kriegsliedern in den Feldzügen 1756 und 1757*, Berlin 1758.

Lobensommer, Andrea: *Die Suche nach ›Heimat‹. Heimatkonzeptionsversuche in Prosatexten zwischen 1989 und 2001*, Frankfurt/Main 2001.

Marx, Karl/ Engels, Friedrich: *Manifest der Kommunistischen Partei*, In: Marx/Engels – Werke, Band 4, Berlin 1959.

Meinecke, Friedrich: *Die deutsche Katastrophe. Betrachtungen und Erinnerungen*, Wiesbaden 1946.

Moosmann, Elisabeth (Hg.): *Heimat. Sehnsucht nach Identität*, Berlin 1980.

Moser, Friedrich Carl von: *Von dem Deutschen National-Geist*, Frankfurt/Main 1765.

Müller, Sven Oliver: *Deutsche Soldaten und ihre Feinde. Nationalismus an Front und Heimatfront im Zweiten Weltkrieg*, Frankfurt/Main 2007.

Naumann, Friedrich: *Kriegsgedanken zur Welt- und Seelengeschichte*, Wien 1917.

Oxnzeam: *Die Renaissance der Heimat*, der Freitag community, 17.11.2017.

Palmer, Boris: *Klartext über schwarzafrikanische Asylbewerber*, Bild.de, 07.05.2018.

Palmer, Boris: *Ich habe einen schweren Fehler gemacht*, FAZnet, 08.05.2018.

Puschner, Uwe: *Die Völkische Bewegung*, bpb 07.07.2016.

Ramelow, Bodo: *Die lasse ich mir von keinem Nazi wegnehmen*, T-Online, 10.03.2018.

Rathgeb, Eberhard: *Am Anfang war Heimat*, München 2016.

Reitz, Edgar: *Dieses unerfüllbare Versprechen*, Frankfurter Allgemeine Zeitung, 28.12.2017.

Retterath, Jörn: *Was ist das Volk?* Berlin 2016.

Richter, Mathias: Wer ist das Volk? In: Scherer/Schröter (Hg.), *Wer ist das Volk?* S. 59 ff.

Riehl, Wilhelm Heinrich: *Die Naturgeschichte des Volkes als Grundlage einer deutschen Social-Politik,* Stuttgart 1866.

Rosa, Hartmut: *Heimat im Zeitalter der Globalisierung*, der blaue reiter – Journal für Philosophie 23 (1/2007) S. 13–18.

Safranski, Rüdiger: *Es gibt keine Pflicht zur Fremdenfreundlichkeit*, Der Spiegel, 17.03.2018.

Saxer, Marc: *Linke Heimat*, IPG-Journal, 05.03.2018.

Scherer, Irene/Schröter, Welf (Hg.): *Wer ist das Volk?* (Latenz, Journal für Philosophie und Gesellschaft, Arbeit und Technik, Kunst und Kultur 01/2016). Mössingen-Talheim 2016.

Schieder, Theodor: *Das Deutsche Kaiserreich von 1871 als Nationalstaat*, Wiesbaden 1961.

Schiller, Friedrich: *Das Lied von der Glocke*, In: Gesammelte Werke, Band 3, Gütersloh 1955.

Schlink, Bernhard: *Heimat als Utopie*, Frankfurt/Main 2000.

Schmeller, Johann Andreas: *Bayerisches Wörterbuch*, Band 1, München 2008.

Schmitt-Roschmann, Verena: *Heimat. Neuentdeckung eines verpönten Gefühls*, Gütersloh 2010.

Schmitz-Berning, Cornelia: *Vokabular des Nationalsozialismus*, Berlin 1998.

Schnell, Lisa: *Ganz große Gefühle*, Süddeutsche Zeitung, 15.01.2018.

Schreiber, Daniel: *Zuhause. Die Suche nach dem Ort, an dem wir leben wollen*, Berlin 2017.

Ulrich Schulte: *Wie heimelig darf's sein?* taz online, 04.10.2017.

Schüle, Christian: *Heimat. Ein Phantomschmerz*, München 2017.

Seeßlen, Georg: *Der semantische Krieg*, taz, 23.05.2018.

Seifert, Manfred: *Heimat*, In: Online-Lexikon zur Kultur und Geschichte der Deutschen im östlichen Europa, Oldenburg 2016.

Seliger, Helfried W. (Hg.): *Der Begriff Heimat in der deutschen Gegenwartsliteratur*, München 1987.

Steinfeld Thomas: *Ich weiß nicht, wer ich bin*, Süddeutsche Zeitung, 26.04.2018.

Steinhilber, Jochen: *Die Suche nach dem Wir-Gefühl*, IPG-Journal, 12.03.2018.

Sternberger, Dolf: *Verfassungspatriotismus. Rede bei der 25-Jahr-Feier der Akademie für Politische Bildung*, In: Schriften X, Frankfurt/Main 1990, S. 17ff.

Strauss, Botho: *Anschwellender* Bocksgesang, Der Spiegel, 08.02.1993.

Thüne, Wolfgang: *Die Heimat als soziologische und geopolitische Kategorie*, Würzburg 1987.

Tucholsky, Kurt: *Heimat.* In: Deutschland, Deutschland über alles. Ein Bilderbuch von Kurt Tucholsky und vielen Fotografen, Reinbek 1990.

Tucholsky, Kurt: *Dienstunterricht für den Infanteristen*, Die Weltbühne, 28.06.1927.

Tucholsky, Kurt: *Gegen den Strom*, Die Weltbühne, 13.04.1926.

Vollmuth, Hannes: *Unbekanntes Einverständnis*, Süddeutsche Zeitung, 20.04.2016.

Walser, Martin: *Heimatkunde*, Frankfurt/Main 1968.

Wieland, Christoph Martin*: Patriotischer Beitrag zu Deutschlands höchstem Flor, veranlasst durch einen im Jahr 1780 gedruckten Vorschlag dieses Namens*, In: Sämmtliche Werke, Band 30, Leipzig 1758.

Wieland, Christoph Martin: Über deutschen Patriotismus, In: Sämmtliche Werke, Band 31, Leipzig 1840.

Winkler, Heinrich August: *Der Nationalismus und seine Funktionen*, In: Liberalismus und Antiliberalismus, Göttingen 1979.

Wirsching, Andreas: *Hitler, Mein Kampf. Eine kritische Edition des Instituts für Zeitgeschichte*, In: Aus Politik und Zeitgeschichte 43–45 (2015).

Wolschke-Bulmahn, Joachim: *Völkischer Heimatschutz*, In: Puschner, Uwe/Schmitz, Walter/Ulbricht, Justus H. (Hg.): Handbuch zur ›Völkischen Bewegung‹ 1871–1918, München 1996, S. 533–546.

Zastrow, Volker: *Die neue völkische Bewegung*, Frankfurter Allgemeine Zeitung, 29.11.2015.

Anmerkungen

Prolog: Wo sind unsre Lieder?

1 Über Ungleichzeitigkeit, Provinz und Propaganda. Ein Gespräch mit Rainer Traub und Harald Wieser 1974, In: *Gespräche mit Ernst Bloch*, Frankfurt 1975, S. 196ff, hier: S. 198. Die Passage »Von Deutschlands Glück und Größe« kommt in diesem Gespräch nicht vor, sie steht in einem Artikel für Die Neue Weltbühne, in der Bloch diese Geschichte schon 1937 erzählt hat. Ernst Bloch: *Kritik der Propaganda*, Die neue Weltbühne, 29.04.1937, S. 552ff.
2 Ernst Bloch: *Erbschaft dieser Zeit*, Frankfurt/Main 1961, S. 70.
3 Ernst Bloch: *Gespräche*, a.a.O., S. 200.
4 Ernst Bloch: *Sokratisches zu Berufsverbot und Studentenbewegung*, In: Helmut Reinicke (Hrsg.): Revolution der Utopie. Texte von und über Ernst Bloch, Frankfurt/Main 1979, S. 71ff, hier: S. 89.
5 Ernst Bloch: *Erbschaft dieser Zeit*, a.a.O., S. 63.
6 A.a.O.
7 Ernst Bloch: *Atheismus im Christentum*. Frankfurt/Main 1969, S. 95.
8 Das sieht Bloch 1974 offensichtlich auch so. Da spricht er von der Geschichte des Begriffs ›Heimat‹, von ihrer Bedeutung zum Beispiel für die Mystik: »Heimat wird aber meist anders verstanden, ungeheuer spießig, wo wir wieder so etwas Schlimmes drin haben wie bei den Nazis, wo doch auch Blut und Boden darin steckt.« Ernst Bloch: *Gespräche*, a.a.O., S. 206.
9 Ernst Bloch: *Kritik der Propaganda*, a.a.O., S. 557.
10 Ernst Bloch: *Gespräche*, a.a.O., S. 201.
11 Ernst Bloch: *Erbschaft dieser Zeit*, a.a.O., S. 127.
12 A.a.O.

Kapitel 1: Heimat, süße Heimat

1 *Ganz große Gefühle*, Süddeutsche Zeitung, 15.01.2018.
2 *Das süße Gift*, Süddeutsche Zeitung, 05.12.2011.
3 Auch das klingt ein wenig wie 2011: Da hatte die Grüne Jugend Bayerns einen neuen Heimatbegriff strikt abgelehnt: »Wir brauchen ihn nicht. Heimat bleibt immer etwas Reaktionäres.«
4 Kommentare zu Ulrich Schulte: *Wie heimelig darf's sein?* taz online, 04.10.2017. Die zitierten Tweets entstammen den Twitter-Accounts von Sebastian Brux (01.10.2017) und der Grünen Jugend (02.10.2017).
5 Robert Habeck im Interview mit FAZnet am 06.10.2017.
6 Sigmar Gabriel: *Sehnsucht nach Heimat*, Der Spiegel, 16.12.2017.
7 Der Tagesspiegel, 27.12.2017.
8 Jost Hermand: Zersungenes Erbe. Zur Geschichte des Deutschlandliedes. In: Basis 7 (1977), S. 75 ff
9 Jochen-Martin Gutsch: *Sauerkrauthobel*, Der Spiegel, 17.03.2018.
10 Reinhart Koselleck: *Geschichtliche Grundbegriffe*, Band 1, Stuttgart 1972, S. XV.
11 Hermann Bausinger: *Heimat in einer offenen Gesellschaft*, In: Heimat. Analysen, Themen, Perspektiven, Bonn 1990, S. 76–90, hier: S. 79.
12 Bausinger, a.a.O., S. 80.
13 Vgl. Michael Neumeyer: *Heimat. Zu Geschichte und Begriff eines Phänomens*, Kiel 1992, S. 9f.
14 Hermann Bausinger: *Heimat und Identität*, In: Konrad Köstlin, Hermann Bausinger (Hg.): Heimat und Identität. Probleme regionaler Kultur, Neumünster 1980, S. 9–24, hier: S.12.
15 Hermann Bausinger: *Heimat in einer offenen Gesellschaft*, a.a.O., S. 79f.
16 Theodor W. Adorno: *Zum Gedächtnis Eichendorffs*, In: Noten zur Literatur I, Frankfurt/Main 1968, S. 112.
17 Hermann Bausinger, a.a.O., S. 83.
18 Joachim Wolschke-Bulmahn: *Völkischer Heimatschutz*, In: Uwe Puschner, Walter Schmitz, Justus H. Ulbricht (Hg.): Handbuch zur ›Völkischen Bewegung‹ 1871–1918, München 1996, S. 533–546, hier S. 533.
19 Richard Walther Darré: *Neuadel aus Blut und Boden*, München 1930.
20 Andrea Bastian: *Der Heimat-Begriff. Eine begriffsgeschichtliche Un-*

tersuchung in verschiedenen Funktionsbereichen der deutschen Sprache, Tübingen 1995, S. 131.
21 Wolschke-Bulmahn, a.a.O., S. 543.
22 Cornelia Schmitz-Berning: *Vokabular des Nationalsozialismus*, Berlin 1998, S. 111.
23 Richard Walther Darré, Monatsschrift Deutsche Agrarpolitik, Juli 1932.
24 So der Titel des Erfolgsromans von Hans Grimm aus dem Jahre 1926.
25 Robert Ley, Der deutsche Handel, 17.10.1939.
26 Hermann Bausinger, a.a.O., S. 76.
27 Hermann Bausinger, a.a.O., S. 83f.
28 So in BR-Klassik am 29.01.2018.
29 Vgl. Wolfgang Eckert: *Heimat, deine Sterne. Leben und Sterben des Erich Knauf*, Chemnitz 1998.
30 Rudolf Augstein: *Meine Leitkultur war jüdisch*, Der Spiegel 47/2000.
31 Hermann Bausinger, a.a.O., S. 84.
32 Jean Améry: *Wieviel Heimat braucht der Mensch?* In: Jenseits von Schuld und Sühne. Bewältigungsversuche eines Überwältigten, München 1966, S.76.
33 Jean Améry, a.a.O., S. 96.
34 Jean Améry, a.a.O., S. 61f.
35 Jean Améry, a.a.O., S. 81.
36 Günter Grass, In: Alexander Mitscherlich, Gert Kalow (Hg.): Hauptworte – Hauptsachen – Zwei Gespräche: Heimat Nation. München 1971, S. 25.
37 Hermann Bausinger, a.a.O., S. 87.
38 Frankfurter Allgemeine Zeitung, 09.11.1980.
39 Hermann Bausinger, a.a.O., S. 86.
40 Die Zeit, 05.10.1984.
41 Edgar Reitz: *Dieses unerfüllbare Versprechen*, Frankfurter Allgemeine Zeitung, 28.12.2017.
42 Edgar Reitz, a.a.O.
43 Edgar Reitz, a.a.O.
44 Micha Brumlik: Möglichkeiten von Heimat, taz, 06.02.2018.
45 Für Nicht-Rheinländer: »Was auch passiert, das eine ist doch klar, das Schönste, was wir haben schon all die langen Jahre, ist unser Viertel. Denn hier hält man zusammen, egal, was auch passiert – in uns'rem Viertel.«
46 Noch mal für Unkundige: »Wenn ich so an meine Heimat denke

und sehe den Dom so vor mir stehen, möchte ich sofort in Richtung Heimat schwenken, ich möchte zu Fuß nach Köln gehen.«

47 Andrea Lobensommer: *Die Suche nach ›Heimat‹. Heimatkonzeptionsversuche in Prosatexten zwischen 1989 und 2001*, Frankfurt/Main 2001, S. 75.

48 Andrea Lobensommer, a.a.O., S. 89. Vgl. Helfried W. Seliger (Hg.): *Der Begriff Heimat in der deutschen Gegenwartsliteratur*, München 1987.

49 Wilfried von Bredow, Hans-Friedrich Foltin: *Zwiespältige Zufluchten. Zur Renaissance des Heimatgefühls*, Berlin 1981, S. 204.

50 Hartmut Rosa: *Heimat im Zeitalter der Globalisierung*, der blaue reiter – Journal für Philosophie 23 (1/2007) S. 13–18, hier: S. 16.

51 Hartmut Rosa, a.a.O., S.18.

52 Ursula März: *Auf einmal Heimat*, Die Zeit, 31.10.2017. Sie nennt Mariana Leky, Andreas Moster, Katrin Seddig, Bastian Asdonk, Norbert Scheuer, Alina Herbing und Juli Zeh.

53 Ursula März, a.a.O.

54 Hans Ulrich Gumbrecht: *Gibt es noch Heimat?* FAZblog, 28.02.2013.

55 Hans Ulrich Gumbrecht, a.a.O.

56 Hans Ulrich Gumbrecht, a.a.O.

57 Martin Walser: *Heimatkunde*, Frankfurt/Main 1968, S. 40.

58 Markus Beckedahl: *Was fehlt? Dirk von Gehlen sagt: Ein Heimat- und Brauchtumsverein für das Netz*, netzpolitik.org, 08.12.2016.

59 Joachim Kronsbein: *Lokalhelden*, Der Spiegel Wissen ›Heimat‹, S. 31.

60 Oxnzeam: *Die Renaissance der Heimat*, der Freitag community, 17.11.2017.

61 Hannes Vollmuth: *Unbekanntes Einverständnis*, Süddeutsche Zeitung, 20.04.2016.

62 Hannes Vollmuth, a.a.O.

63 Manfred Seifert: *Heimat*, In: Online-Lexikon zur Kultur und Geschichte der Deutschen im östlichen Europa, Oldenburg 2016.

64 Ernst Bloch: *Das Prinzip Hoffnung*, Frankfurt/Main 1959, S. 334.

65 Ernst Bloch, a.a.O., S. 1628.

66 Ernst Bloch: *Gespräche*, a.a.O., S. 206. Vgl. Beat Dietschy: *Heimat zwischen Lebenswelt, Nationalismus und emanzipatorischem Leitbild*, In: Ernst Bloch und die Heimat. Jahresheft der Ernst-Bloch-Gesellschaft 1990, S. 74–81.

67 Ernst Bloch, a.a.O.

68 Interessant, dass der Grünen-Politiker Robert Habeck ›Heimat‹ mit Bloch'schen Kategorien definiert: »Im Kern geht es um den Traum von einer besseren Welt. Ich glaube nicht, dass das nur in Medien

stattfindet, sondern dass das eine Tiefenströmung in der Gesellschaft ist.« Robert Habeck: Über Heimat, T-Online, 25.03.2018.

69 Bernhard Schlink: *Heimat als Utopie*, Frankfurt/Main 2000.

70 Bernhard Schlink, a.a.O., S. 21.

71 Bernhard Schlink, a.a.O., S. 26.

72 ›Deutschnational‹ ist die Bezeichnung für eine im letzten Drittel des 19. Jahrhunderts in Österreich entstandene politische Strömung, die für den Anschluss der deutschsprachigen Gebiete Österreich-Ungarns an das Deutsche Reich kämpfte. Großdeutsch, nationalistisch und antisemitisch ausgerichtet, wurde die deutschnationale Bewegung dann auch in Deutschland politisch einflussreich, zum Beispiel in der Deutschnationalen Volkspartei der Weimarer Republik.

73 Reitz: *Dieses unerfüllbare Versprechen*, Frankfurter Allgemeine Zeitung, 28.12.2017.

74 Hermann Bausinger: *Heimat? Heimat!* der blaue reiter – Journal für Philosophie 23 (1/2007), S. 6–10, hier: S. 9f.

75 Marc Saxer: *Linke Heimat*, IPG-Journal, 05.03.2018.

76 Jochen Steinhilber: *Die Suche nach dem Wir-Gefühl*, IPG-Journal, 12.03.2018.

77 Jochen Steinhilber, a.a.O.

78 Bodo Ramelow: *Die lasse ich mir von keinem Nazi wegnehmen*, T-Online, 10.03.2018.

79 Bodo Ramelow, a.a.O.

80 Hajo von Kracht: *Heimat*, Kommune, 02.03.1984.

81 Robert Habeck: *Der Kluge sucht die Offensive*, Süddeutsche Zeitung, 07.03.2018.

82 Cem Özdemir, Deutscher Bundestag, 22.02.2018.

83 Peter Weissenburger: *Eine Lektion im Deutschsein*, taz, 24.02.2018.

84 Kurt Tucholsky: *Heimat*, In: Deutschland, Deutschland über alles. Ein Bilderbuch von Kurt Tucholsky und vielen Fotografen, Reinbek 1990, S. 226f.

85 Kurt Tucholsky, a.a.O., S. 227.

86 Kurt Tucholsky, a.a.O., S. 230f.

87 Kurt Tucholsky, a.a.O., S. 231.

Kapitel 2: Süß ist der Name Vaterland

1 Schiller kann aber auch anders: »Mein Vaterland ist, wo mich Luise liebt«, sagt Ferdinand in *Kabale und Liebe*.

2 Vgl. Holger Böning: *Das ›Volk‹ im Patriotismus der deutschen Aufklärung,* In: Goethezeitportal (www.goethezeitportal.de/db/wiss/epoche/boening_volk.pdf). Außerdem: Rudolf Vierhaus: *Patriotismus – Begriff und Realität einer moralisch-politischen Haltung,* In: Deutsche patriotische und gemeinnützige Gesellschaften, München 1980, S.119ff.

3 Holger Böning, a.a.O., S. 4; Böning zitiert hier die Deutsche Zeitung, Jg. 1790, Sp. 522f.

4 Anonymer Verfasser, Der Patriot, Jg. 1724, Buchausgabe Hamburg 1747, S.6. Zu diesem Zusammenhang vgl. Thea Dorn: *Deutsch, nicht dumpf.* München 2018, S. 279 ff.

5 Hermann Bausinger: *Heimat in einer offenen Gesellschaft*, a.a.O., S. 80.

6 Hermann Bausinger, a.a.O.

7 Brockhaus-Enzyklopädie, 20. Auflage, Band 9, Leipzig, Mannheim 1997, S. 632.

8 Andrea Bastian, a.a.O., S. 124.

9 Kurt Tucholsky: *Dienstunterricht für den Infanteristen*, Die Weltbühne, 28.06.1927.

10 Hermann Bausinger, a.a.O., S. 80.

11 Wolfgang Kaschuba: *Arbeiterbewegung – Heimat – Identität*, Tübinger Korrespondenzblatt 20 (1979), S. 14.

12 Karl Marx, Friedrich Engels: *Manifest der Kommunistischen Partei*, In: Karl Marx, Friedrich Engels – Werke, Band 4, Berlin 1959, S. 479.

13 Kurt Tucholsky: *Gegen den Strom*, Die Weltbühne, 13.04.1926.

14 Wilhelm Heinrich Riehl: *Die Naturgeschichte des Volkes als Grundlage einer deutschen Social-Politik*, Stuttgart 1866, S.274.

15 Johann Jacoby: *Das Ziel der Arbeiterbewegung*, Berlin 1870, zitiert nach: Kaschuba, a.a.O., S. 15.

16 Das Lied wurde im Kaiserreich zu einer Art inoffiziellen Nationalhymne – neben *Heil dir im Siegerkranz*, der sogenannten ›Kaiserhymne‹. Eine richtige Nationalhymne gab es nicht.

17 Gustav Freytag: *Soll und Haben*, München 1977, S. 330.

18 Zu diesen Zusammenhängen, vgl. Sven Oliver Müller: *Deutsche Soldaten und ihre Feinde. Nationalismus an Front und Heimatfront im Zweiten Weltkrieg*, Frankfurt/Main 2007.

19 *Akten zur Deutschen Auswärtigen Politik*, Serie D: 1937–1941, Band 7: Die letzten Wochen vor Kriegsausbruch, Baden-Baden 1956, S. 172.

20 Patrick Bahners: *Nicht in unserem Haus*, Frankfurter Allgemeine Zeitung, 19.03.2001.

21 Hanns Bächtold-Stäubli (Hg.): *Handwörterbuch des deutschen Aberglaubens*, Band 8, Berlin 2000, S. 498.
22 Peter O. Chotjewitz: *Das Kunststück, kein Deutscher zu sein*, der Freitag, 30.03.2001.
23 Heinrich Heine: *Deutschland, ein Wintermärchen*, In: Neue Gedichte, Hamburg 1844, S. 401.
24 Max Horkheimer: *Notizen 1949 bis 1969*, In: Gesammelte Schriften, Band 6, Frankfurt/Main 1974, S. 189ff, hier: 302f.
25 Dolf Sternberger, Verfassungspatriotismus. In: *Frankfurter Allgemeine Zeitung* 23.5.1979. Sternberger schreibt: »Das Nationalgefühl bleibt verwundet, wir leben nicht im ganzen Deutschland. Aber wir leben in einer ganzen Verfassung, in einem ganzen Verfassungsstaat, und das ist selbst eine Art Vaterland.«
26 Dolf Sternberger: *Verfassungspatriotismus. Rede bei der 25-Jahr-Feier der Akademie für Politische Bildung*, In: Schriften X, Frankfurt/Main 1990, S. 17ff.
27 Christoph Martin Wieland: *Patriotischer Beitrag zu Deutschlands höchstem Flor, veranlasst durch einen im Jahr 1780 gedruckten Vorschlag dieses Namens*, In: Sämmtliche Werke, Band 30, Leipzig 1758, S. 367.
28 Jürgen Habermas: *Vorpolitische Grundlagen des demokratischen Verfassungsstaates?* In: Zwischen Naturalismus und Religion. Philosophische Aufsätze, Frankfurt/Main 2009, S. 112.
29 Das Problem einer deutschen Identität wird ausführlicher in Kapitel 3 behandelt.
30 Kurt Tucholsky: *Heimat*, a.a.O., S. 231.

Kapitel 3: Das Volk ist nicht völkisch

1 Rüdiger Safranski: *Es gibt keine Pflicht zur Fremdenfreundlichkeit*, Der Spiegel, 17.03.2018.
2 Ulrich Greiner: *Zweierlei Maß*, Die Zeit, 22.03.2018.
3 Ulrich Greiner im Deutschlandfunk, 22.03.2018.
4 Rüdiger Safranski, a.a.O.
5 Jörn Retterath: *Was ist das Volk?* Berlin 2016, S. 3.
6 Jörn Retterath, a.a.O.
7 Seite ›Volk‹, In: Wikipedia, Die freie Enzyklopädie, Bearbeitungsstand: 01.04.2018.
8 Vgl. hierzu Mathias Richter: Wer ist das Volk? In: Irene Scherer/Welf Schröter (Hg.): Wer ist das Volk? (Latenz, Journal für Philosophie

und Gesellschaft, Arbeit und Technik, Kunst und Kultur 01/2016). Mössingen-Talheim 2016, S. 59 ff.

9 Der spätrömische Begriff für Zivilist war ›plebeius‹.

10 Reinhart Koselleck: *Volk, Nation, Nationalismus, Masse,* In: Geschichtliche Grundbegriffe, Band 7, Stuttgart 1978, S. 145.

11 Reinhart Koselleck, a.a.O.

12 Gotthold Ephraim Lessing: *Vorbericht zu den preußischen Kriegsliedern in den Feldzügen 1756 und 1757*, Berlin 1758, S. 3.

13 Johann Wolfgang Goethe: *Die Leiden des jungen Werthers,* In: Sämmtliche Werke, Band 14, Stuttgart 1840, S. 9.

14 Reinhard Koselleck, a.a.O., S. 147.

15 Jost Hermand: *Der alte Traum vom neuen Reich*. Weinheim 1995, S. 21.

16 Bernd Schönemann: *Volk, Nation,* In: Geschichtliche Grundbegriffe, a.a.O., S. 282.

17 Karl Ferdinand Werner: *Volk, Nation,* In: Geschichtliche Grundbegriffe, a.a.O. S. 171.

18 Hans-Dietrich Kahl: *Wendentum und christliche Stammesfürsten*, In: Archiv für Kulturgeschichte 44 (1962), S. 75.

19 Christoph Martin Wieland: Über deutschen Patriotismus, In: Sämmtliche Werke, Band 31, Leipzig 1840, S. 553.

20 Joachim Heinrich Campe: *Wörterbuch der deutschen Sprache*, Band 5, Braunschweig 1811, S. 433.

21 Joachim Heinrich Campe, a.a.O.

22 Friedrich Rückert: *Grammatische Deutschheit*, In: Gedichte, Stuttgart 1988, S. 10.

23 Johann Andreas Schmeller: *Bayerisches Wörterbuch*, Band 1, München 2008, S. 841.

24 Christian Dietrich Grabbe: *Die Hermannsschlacht*, Berlin 2013, S. 36.

25 Friedrich Ludwig Jahn: *Deutsches Volksthum*, Lübeck 1810, S. 7.

26 Friedrich Ludwig Jahn, a.a.O., S. 9.

27 Friedrich Ludwig Jahn, a.a.O.

28 Victor Hugo: *An das junge Frankreich*, In: Sämmtliche Werke, Band 9: Oden und Gedichte. Deutsch von Ferdinand Freiligrath, Frankfurt/Main 1836, S. 296ff, hier: S. 302. Diese Zeilen werden häufig fälschlich als Freiligraths Äußerung zitiert. Das geht zurück auf Reinhart Koselleck, a.a.O., S. 147, Fußnote 6, der sich auf *Trübners Deutsches Wörterbuch*, Band 7, Berlin 1956, S. 691f bezieht: »während der Demokrat Freiligrath rief: ›Noch gestern, Brüder, wart ihr nur ein Haufen; ein Volk, o Brüder, seid ihr heut!‹«

29 Reinhart Koselleck, a.a.O., S. 149.

30 Reinhart Koselleck, a.a.O.
31 Vgl. Reinhart Koselleck: »Der traditional auf Herkunft und Land bezogene deutsche und gemeineuropäische Nationsbegriff erhielt 1789 seine revolutionäre Stoßkraft. Er zielte auf die neue Staatsnation. Gegen diesen französisch intonierten Begriff entwickelte sich der neue deutsche Volksbegriff«, der vor allem »auf die gemeinsame Sprache und Kultur bezogen« wurde. In: Geschichtliche Grundbegriffe, a.a.O., S. 397.
32 Bernd Schönemann: *Volk, Nation, Nationalismus, Masse*, In: Geschichtliche Grundbegriffe, a.a.O., S. 326.
33 Bernd Schönemann, a.a.O., S. 316; Vgl. S. 239: »›Volk‹ war seit der Politisierung des Begriffs um 1800 zur Dublette von ›Nation‹ geworden und gewann den Vorrang, da einerseits die ältere ›Nation‹ aus lateinischer Wurzel … in Vergessenheit geriet, andererseits ›nation‹ aus französischer Wurzel sogar pejorative Verwendung erfuhr.«
34 Johann Gottfried Herder: *Briefe zur Beförderung der Humanität*, In: Sämtliche Werke, Band 17, Berlin 1877, S. 287.
35 Johann Gottfried Herder: *Briefe*, In: Werke, Band 18, Berlin 1883, S. 236.
36 Johann Gottfried Herder: *Briefe*, In: Werke, Band 17, Berlin 1877, S. 319.
37 Friedrich Schiller: *Das Lied von der Glocke*, In: Gesammelte Werke, Band 3, Gütersloh 1955, S. 584.
38 Jost Hermand, a.a.O., S. 30.
39 Jost Hermand: *Der alte Traum vom neuen Reich*, Weinheim 1995, S. 33.
40 Jost Hermand, a.a.O., S. 39.
41 Lutz Hoffmann: *Das ›deutsche Volk‹ als Integrationsideologie und seine historische Entwicklung*, In: Die Wiedergeburt des nationalistischen Denkens. Gefahr für die Demokratie? Bonn 1995, S. 18; Vgl. Hermand, a.a.O., S. 38.
42 Lutz Hoffmann, a.a.O., S. 20f.
43 Ernst Moritz Arndt: Über Volkshass und den Gebrauch einer fremden Sprache, Leipzig 1813, S. 18.
44 Ernst Moritz Arndt: *Blick aus der Zeit auf die Zeit*, Frankfurt/Main 1814, S. 188.
45 Wilhelm Jordan: *Rede vom 24.7.1848*, In: Franz Wigard, Stenographischer Bericht über die Verhandlungen der Deutschen Constituirenden Nationalversammlung. Frankfurt/Main 1848, S. 1146.
46 Bernd Schönemann, a.a.O., S. 361.
47 Heinrich August Winkler: *Der Nationalismus und seine Funktionen*,

In: Liberalismus und Antiliberalismus. Göttingen 1979, S. 61; Vgl. Bernd Schönemann, a.a.O., S. 376.

48 Jost Hermand: *Der alte Traum vom neuen Reich*, Weinheim 1995, S. 12.

49 Franz Grillparzer: *Epigramme*, In: Sämtliche Werke, Band 1, München 1960, S. 500.

50 Hugo von Hofmannsthal: *Briefwechsel*, Frankfurt/Main 1972, S. 167.

51 Ernst Jünger: *Vorwort*, In: Friedrich Georg Jünger, Aufmarsch des Nationalismus, Leipzig 1926, S. IX.

52 Ernst Jünger, a.a.O., S. 22.

53 Ernst Jünger, a.a.O., S. 21

54 Hermand, a.a.O., S. 47

55 Theodor Schieder: *Das Deutsche Kaiserreich von 1871 als Nationalstaat*, Wiesbaden 1961, S. 7.

56 Altes Wort für ›Streit‹, ›Fehde‹.

57 Ferdinand Freiligrath: Werke, Band 2, Leipzig und Wien 1912, S. 146.

58 Otto von Bismarck: *Reichstagsrede von 16.6.1873*, In: Gesammelte Werke, Band 11, Berlin 1929, S. 339ff.

59 Karl Marx, Friedrich Engels: *Kommunistisches Manifest*, In: Werke, Band 4, Berlin 1977, S.479.

60 Ferdinand Lassalle: *Der Italienische Krieg und die Aufgabe Preußens*, Berlin 1859, S. 7.

61 Jost Hermand, a.a.O., S. 47ff.

62 Jost Hermand, a.a.O., S. 55.

63 Paul de Lagarde: *Die Stellung der Religionsgesellschaften im Staate*, zitiert nach: Geschichtliche Grundbegriffe, a.a.O., S. 145.

64 Vgl. Reinhart Koselleck, Geschichtliche Grundbegriffe, a.a.O., S. 145: »Die Unsicherheit des deutschen Nationalbewusstseins und das Bemühen, die Gewissheit der nationalen Identität ständig zu intensivieren, mündete zum Teil in den Antisemitismus: das noch Fremdartige des nicht voll assimilierten Judentums, seine wirklichen und seine vermeintlichen internationalen Beziehungen wurden zu etwas Unerträglichem, ja, der ›Jude‹ wurde zu einem Gegenbild konstruiert, dem gegenüber erst die Nation – über alle Stammes-, Klassen- und Konfessionsgegensätze hinweg – mit sich selbst sollte identisch werden können.«

65 Vgl. Bernd Schönemann, a.a.O., S. 372f.

66 Paul de Lagarde: *Die nächsten Pflichten deutscher Politik*, In: Deutsche Schriften, a.a.O., S. 423.

67 Paul de Lagarde: Über die gegenwärtige Lage des deutschen Reiches, In: Deutsche Schriften, Band 5, Göttingen 1920, S. 186.
68 Julius Langbehn: *Rembrandt als Erzieher*, Weimar 1922, S. 183.
69 Daniel Frymann: *Wenn ich der Kaiser wär'*, Leipzig 1912, S. 256.
70 Antiquierter Ausdruck für ›Jahrzehnte‹.
71 Bernd Schönemann, a.a.O., S. 376.
72 Jost Hermand, a.a.O., S. 77.
73 Jost Hermand, a.a.O.
74 Reinhart Koselleck: *Volk, Nation*, In: Geschichtliche Grundbegriffe, a.a.O., S. 389.
75 Reinhart Koselleck, a.a.O.
76 Friedrich Naumann: *Kriegsgedanken zur Welt- und Seelengeschichte*, Wien 1917, S. 54.
77 Friedrich Meinecke: *Die deutsche Katastrophe. Betrachtungen und Erinnerungen*, Wiesbaden 1946, S. 42.
78 »Der völkische Antisemitismus weist auf die NS-Herrschaft voraus wie auf den völkisch-nationalsozialistischen Ideologietransfer hin. Das gilt auch für völkische Symbole wie Hakenkreuz und Runen oder den Heil-Gruß.« Uwe Puschner: *Die Völkische Bewegung*, bpb 07.07.2016.
79 Andreas Wirsching: *Hitler, Mein Kampf. Eine kritische Edition des Instituts für Zeitgeschichte*, In: Aus Politik und Zeitgeschichte 43–45 (2015), S. 13.
80 Adolf Hitler: *Zum Wiedererstehen unserer Bewegung*, Völkischer Beobachter, 26.02.1925.
81 Adolf Hitler: *Mein Kampf*, München 1943, S. 399.
82 Adolf Hitler, a.a.O., S. 398.
83 Adolf Hitler, a.a.O., S. 421.
84 Uwe Puschner, a.a.O.
85 Reinhart Koselleck, a.a.O., S. 409.
86 Adolf Hitler: *Mein Kampf*, S. 269.
87 Adolf Hitler, a.a.O., S. 305.
88 Adolf Hitler, a.a.O., S. 432.
89 Adolf Hitler, a.a.O., S. 439.
90 Adolf Hitler, a.a.O., S. 438.
91 Adolf Hitler, a.a.O., S. 772.
92 Gemeint ist das 20. Jahrhundert.
93 Reinhart Koselleck, a.a.O., S. 391.
94 Welt am Sonntag, 11.09.2016.
95 A.a.O.
96 Lorenz Diefenbach: *Glossarium latino-germanicum*, Frankfurt/Main 1857, S. 447.

97 »Das Wort ›völkisch‹ ist eine alte und ziemlich seltene, bis weit ins 19. Jahrhundert hinein wenig belegte Ableitung von ›Volk‹, die ursprünglich alle Bedeutungen des Grundworts transportierte.« Günter Hartung: *Völkische Ideologie*, In: Handbuch zur ›Völkischen Bewegung‹, a.a.O., S. 22ff, hier: S. 23.

98 Johann Gottlieb Fichte: *Bedenken über einen ihm vorgelegten Plan zu Studentenvereinen*, In: Johann Gottlieb Fichte's Leben und literarischer Briefwechsel, Sulzbach 1831, S. 147.

99 *Grimms Wörterbuch*, Band 26, Sp. 485.

100 Zitiert nach: Hartung: *Völkische Ideologie*, a.a.O., S. 24.

101 *Trübners Deutsches Wörterbuch*, Band 7, Berlin 1956, S. 694.

102 Zur ideologischen Funktion von Wörterbüchern vgl. Ulrike Haß-Zumkehr: *Wörterbücher im Dienst der NS-Propaganda*, In: Deutsche Wörterbücher – Brennpunkt von Sprach- und Kulturgeschichte, Berlin 2001, S. 202ff.

103 Diese Formulierung stimmt weitgehend mit der Definition des ›deutschen Volkszugehörigen‹ im Runderlass des Reichsinnenministeriums von 1939 überein. Vgl. Reinhart Koselleck, a.a.O., S. 423.

104 Allerdings mit einer zynisch-pejorativen Wendung: »Wir sind das Volk, und wir wollen, dass kein Gesetz sei; ergo ist dieser Wille das Gesetz, ergo im Namen des Gesetzes gibt's kein Gesetz mehr, ergo totgeschlagen!« Georg Büchner: *Dantons Tod*. Stuttgart 1968, S. 12.

105 Friedrich Carl von Moser: *Von dem Deutschen National-Geist*, Frankfurt/Main 1765, S. 5.

106 Volker Zastrow: *Die neue völkische Bewegung*, Frankfurter Allgemeine Zeitung, 29.11.2015. Siehe auch Luca Di Blasi: Wir sind das Volk. In: Scherer/Schröter (Hg.), Wer ist das Volk?, a.a.O., S. 70 ff.; Ernst Piper: Vom Ruf nach Freiheit zur Hassparole. DLF Kultur 16.2.2015 (https://www.deutschlandfunkkultur.de/wir-sind-das-volk-vom-ruf-nach-freiheit-zur-hassparole.1005.de.html?dram:article_id=311714); Vanessa Fischer: Wir sind das Volk. DLF 16.9.2009 (https://www.deutschlandfunkkultur.de/wir-sind-das-volk.1001.de.html?dram:article_id=156881)

107 Bundesverfassungsgericht, 31.07.1973.

108 Karl Hermann Frank: *Denkschrift über die Behandlung der Tschechoslowakei vom 31.8.1940*, In: Der Nürnberger Prozess, Band 17, Nürnberg 1948, S. 78. Frank war Staatssekretär des Reichsprotektors in Böhmen und Mähren.

109 Peter Alter: *Nationalismus*, Frankfurt/Main 1985, S. 14.

110 Thomas Steinfeld: *Ich weiß nicht, wer ich bin*, Süddeutsche Zeitung, 26.4.2018,
111 Georg Seeßlen: *Der semantische Krieg*, taz, 23.05.2018.

Kapitel 4: Anhaltendes Bocksgemurmel

1 Vgl. Aurora Humanitarian Index 2017; Siehe auch den Bericht des UNHCR vom 19.06.2018.
2 Boris Palmer am 07.05.2018 auf Bild.de. Ähnlich am 08.05.2018 auf FAZnet: »Ich glaube, dass wir es mit der tragischen Situation zu tun haben, dass eine Gruppe von Menschen, die in der Vergangenheit immer stigmatisiert, diskriminiert und ausgegrenzt wurde, nämlich Schwarze, jetzt plötzlich sehr heterogen wird, weil unter den Asylbewerbern dieser Gruppe eine relevante Minderheit als Täter auftritt. Diese neue Situation adäquat zu beschreiben, ist offenkundig extrem schwierig – und ich bin daran gescheitert.«
3 Alle Zitate aus Botho Strauss: *Anschwellender Bocksgesang*, Der Spiegel, 08.02.1993.

Epilog: Wo wir uns finden wohl unter Linden

1 Edgar Reitz hat erzählt, dass die Bewohner von Gehlweiler, dem Drehort seines fiktiven Hunsrück-Dorfes Schabbach, sich abends an der von heimeligen Pappkulissen umstandenen Dorflinde trafen und plauderten. Als der ›Heimat‹-Film dann abgedreht war, hockten sie abends wieder vor dem Fernseh-Apparat.
2 Theodor Heuss an Bundeskanzler Konrad Adenauer, 02.05.1952.